快速成交
1000金句
成交话术一本通

郑小四◎著

中国言实出版社

图书在版编目（CIP）数据

快速成交 1000 金句：成交话术一本通 / 郑小四著.
北京：中国言实出版社，2025. 4. -- ISBN 978-7-5171-5102-9

Ⅰ. F713.3

中国国家版本馆 CIP 数据核字第 2025FB5434 号

快速成交1000金句：成交话术一本通

责任编辑：朱　悦
责任校对：薛　磊

出版发行：中国言实出版社

　　地　址：北京市朝阳区北苑路180号加利大厦5号楼105室

　　邮　编：100101

　　编辑部：北京市海淀区花园北路35号院9号楼302室

　　邮　编：100083

　　电　话：010-64924853（总编室）　010-64924716（发行部）

　　网　址：www.zgyscbs.cn　电子邮箱：zgyscbs@263.net

经　　销：新华书店

印　　刷：香河县宏润印刷有限公司

版　　次：2025年7月第1版　2025年7月第1次印刷

规　　格：710毫米×1000毫米　1/16　15印张

字　　数：193千字

定　　价：68.00元

书　　号：ISBN 978-7-5171-5102-9

销售，从本质上来说，是人与人之间的一场心理博弈。在这场博弈中，销售金句起着决定性的作用。它绝非简单的花言巧语，其真正的精髓深深扎根于心理层面和思维模式之中。优秀的销售人员必须如同经验丰富的心理分析师，具备敏锐的洞察力。这种洞察力能够帮助他们穿透客户外在的表象，深入了解客户内心深处的需求和动机。

所以说，在商业世界中，语言不仅是沟通的工具，更是成交的利器。要游刃有余地驾驭各种销售场景，实现快速成交，就必须掌握不同销售场景下的销售金句，这里的金句绝非简单的言辞堆砌，更不是千篇一律的固定套路，而是深入骨髓的沟通智慧，是精准洞悉人性、巧妙把握心理的精妙策略集合。

本书正是基于这样的理念编撰而成的。它不仅提供了 1000 种经过实践检验的金句，还深入剖析了每一种金句背后的心理学原理和市场逻辑。

全书分为十个章节，每个章节都紧紧围绕销售过程中的某个关键环节展开，从开场白到需求挖掘，从产品介绍到异议处理，再到最后的成交闭环，形成了完整的销售金句体系。每个章节都融入了丰富的实战案例和具体的金句。

无论是初涉销售行业的菜鸟，渴望快速掌握销售技巧，还是经验丰富的销售老手，希望进一步提升销售语言表达水平，都能在本书中找到契合自身需求的金句和策略。它就像一位无声的销售导师，陪伴你在销售之路上披荆斩棘，实现快速成交。

目 录

第三章　痛点挖掘：能询善问，打消客户顾虑

第四章　产品介绍：句句有理有据有逻辑

第五章　异议化解："问题"才是最好的"契机"

第六章　回应拒绝："NO"不可怕，巧言逆转局面

第七章　价格谈判：进退之间掌控价格天平

第八章　客户跟进：快速引导客户订单的转化

第九章　促成订单：临门一脚，话要一步到位

第十章　客情维护："语过添情"，打造成交闭环

第一章
闪亮开场：卖货之前
先要卖"关子"

　　卖货绝非简单直白的物品传递，在商品亮相之前，要巧妙地卖个"关子"，牢牢牵引着客户的心弦，使其对你的推介充满期待，并为后续的成功交易埋下伏笔。

1. 同类借故：分享成功案例，让对方一定试试

同类借故是指销售人员巧妙地找出与当前客户具有相似背景、需求、痛点或目标的过往成功案例，并以此为契机，向客户讲述这些案例中的故事与成果。通过强调"同类"性，让客户在他人的经历中看到自己的影子，从而产生强烈的代入感与共鸣。

【经典案例】

某健身俱乐部的销售代表王爽，在向一位长期坐办公室、身体处于亚健康状态的李先生推销健身课程时，没有直接强调课程的优势，而是分享了一个类似客户的故事。

他说："有位客户也是办公室白领，由于长期缺乏运动，身体出现各种小毛病，精神状态也很差。后来他报名了俱乐部的综合健身课程，包括有氧运动、力量训练和瑜伽的定制套餐。经过三个月的规律锻炼，不仅体重减轻了 15 斤，身体的各项指标如血脂、血压都恢复了正常，而且精神焕发，工作效率也大大提高。"

李先生听后，开始询问课程的具体安排、教练资质及费用等问题。王爽趁热打铁，详细地为其一一解答，并适时介绍俱乐部的个性化训练计划和舒适的锻炼环境。李先生当即决定先报名参加三个月的健身课程。

【场景解析】

在这个案例中，王爽精准地找到了与李先生情况相似的成功案例。对于李先生这样处于相同困境（办公室久坐、亚健康）的潜在客户而言，他人通过健身使健康状况获得显著改善的经历具有很强的吸引力和说服力。

这让李先生直观地想象到自己参加健身课程后可能发生的积极变化，从而打破了观望状态，消除了犹豫心理，因为客户往往更愿意相信与自己有相同背景或问题的人的经验。可见，这种"同类借故"的方式可以快速与客户建立起信任关系，引起客户的共鸣。

【金句】

1. 您从事设计工作，肯定经常为创意灵感发愁吧。有位同行也曾如此，他参加我们的创意拓展培训后思如泉涌，拿下多个大奖。

2. 您做 IT 项目常遇进度拖延，有位同行孙先生运用我们的项目管理软件后，能够按时交付项目，效率显著提升，您为何不试试呢？

3. 郭先生采用我们的会员激励体系后，学员留存率提升了 35%，您也可以运用起来。

4. 现在做电商运营，物流成本居高不下，周总采用我们的物流优化方案后成本降低 30%，利润大幅增长，建议您也试试。

5. 摄影爱好者冯先生学习我们的摄影构图课程后，作品屡登杂志，相信经过一段时间的学习，您也能像他一样出彩。

6. 和您一样，唐小姐是位手工艺人，自从加入我们的手工电商平台后订单不断，您也可以过来和大家交流切磋，一起提高嘛。

7. 会计何女士大学刚毕业，她自从参加了我们的财务软件培训班后，工作效率翻倍。她行，您更行。

8. 即便是新人，在我们平台都有不错的收益，像您这样的作家，如果能入驻我们的创作平台，文章阅读量定会轻松破百万。

9. 教培行业竞争这么激烈，谁不为招生头疼呀？上次那个张校长，自从采用了我们的线上推广方案，学校知名度大增，生源不断。

10. 李老板也开了一家美容店，一年前还在为生意冷清发愁，自从引入我们的特色美容项目后，顾客满意度飙升，复购率提高了 40%。

2.他人引荐：都夸其有眼力，这就推荐个 "宝贝"给他

他人引荐，是一种极为有效的策略。它巧妙地借助他人的良好口碑与推荐力量，将产品或服务像珍贵的"宝贝"一样呈现在目标客户面前，从而激发客户的浓厚兴趣，获得客户的高度信任。"他人"可以是行业内的知名人士、具有影响力的意见领袖、忠实的老客户或者与目标客户关系密切且备受其信任的朋友、合作伙伴等。

【经典案例】

小王是一家科技公司销售经理，最近，他收到一位老客户李总的推荐。李总说："我有个朋友老张是做电商的，对新技术很敏感，眼光独到。你给他推荐下你们新出的智能客服系统，我觉得他肯定感兴趣。"

一周后，小王主动联系老张，他并没有直接推销产品给老张，而是先聊了聊电商行业的发展趋势和智能客服技术的应用前景，并巧妙地引出李总的推荐，传达了李总对老张眼光的赞赏。老张对小王的专业性和诚恳态度印象深刻，最终决定试用智能客服系统。

【场景解析】

这个案例的成功之处在于小王充分利用了客户引荐的优势。李总的推荐本身就具有很强的说服力，因为在商业往来中，朋友间的信任背书往往能够降低彼此之间的沟通壁垒。老张基于对李总的信任，在尚未深入了解产品时，就已经对小王及其所代表的科技公司抱有一种先入为主的好感，由此形成了信任基础。这种基于人际关系的引荐，极大地缩短了销售前期

建立信任所需的时间成本，使小王能够迅速切入与老张的对话核心。

同时，小王在沟通中巧妙地将李总的推荐与对老张眼光的赞赏相结合，进一步满足了老张的自尊心，提升了老张的成就感，让他感受到自己在同行眼中是一位具有前瞻性与洞察力的老板。这不仅增强了小王的信誉度和产品的可信度，还营造出一种积极且融洽的沟通氛围。

【金句】

1. 赵总推荐我联系您。他说您对 ××× 技术非常敏锐，我们新推出的 ×× 系统或许能帮到您。

2. 您是电商大咖，同行李哥特让我来找您，让您给我们的这款店铺引流工具评个分。

3. 您做自媒体超厉害，大 V 张姐夸您眼光毒。这不，我们非常想知道您对这款视频剪辑软件的意见。

4. 您是装修行业内公认的这个（伸出大拇指），我们刚刚研发出一种新型环保涂料，希望您能帮忙掌掌眼。

5. 美容行业的知名博主周小姐特别推荐我来找您。她说您对美容产品的品质要求极高，这是我们新上市的天然护肤套装，她使用后效果显著，也想请您帮忙品鉴。

6. 您是音乐才子，张导对您的才华钦佩有加。他使用了我们的音乐制作插件后觉得很有创意，让我来问问您是否愿意试用并分享感受。

7. 您是汽车改装界的高手，大家对您的技艺和眼光赞不绝口。特别是大 V 刘哥，他强烈建议我把这款新产品推荐给您。

8. 您在餐饮界声誉斐然，上次聊天，名厨王师傅还专门提及您，说您对食材和烹饪工具都很有研究。这是我们新研发的高效节能炉灶，您帮我们看看有什么可改进的地方。

9. 张总是您的忠实粉丝，最近，我们推出了一款新产品，他试过后觉得各方面都和您的需求完美匹配，所以让我务必把它介绍给您。

10. 陈教授常说您是行业的权威，在这个领域里有很强的话语权。所以，他让我带着这款产品来找您，听听您的建议。

3. 自报家门：亮出金字招牌，获取对方信任

在销售中，"自报家门"是一种常用的开场策略，即通过展示自身强大的品牌背景、独特优势或傲人成就，犹如亮出金字招牌，让客户在第一时间对销售者及其所代表的产品或服务产生信任与期待，通过采取这种开场策略，销售者能够在心理上占据优势地位。

【经典案例】

小林是某知名软件公司的销售代表。有一次，他负责向一家正在寻求数字化转型的企业推销企业资源规划（ERP）系统。在初次与该企业的高层会面时，他并没有第一时间推销产品，而是微笑着开始自我介绍："各位领导好，我是来自××××公司的小林。我们公司成立于20世纪90年代，在全球范围内拥有超过20家分支机构和8000多名专业员工，服务的客户涵盖了各个行业的领军企业。我们不仅是全球ERP市场的领导者之一，还连续多年荣获行业内最具创新力和客户满意度最高的企业奖项。我们的ERP系统凭借先进的技术架构、高度的定制化能力和卓越的稳定性，已经成功助力众多企业实现了数字化转型，平均为企业节省30%的运营成本。今天，我希望能将我们的成功经验和专业解决方案带给贵公司，助力贵公司迈向新的发展阶段。"

听着他的介绍，原本有些漫不经心的企业领导神情变得专注起来，对小林及其公司的产品表现出浓厚的兴趣，并主动询问了更多关于ERP系统的详细信息。

【场景解析】

在这个案例中，小林巧妙地运用了"自报家门"这一开场白策略。首先，他清晰地阐述了公司的悠久历史、庞大的规模和强大的全球影响力，这些信息让客户直观地感受到小林所在公司的雄厚实力和丰富经验，从而在潜意识里认为该公司具备提供高质量产品和服务的能力。

其次，通过列举知名的大型企业客户，小林运用"标杆效应"对客户进行了心理暗示：既然这些行业领先企业都选择了他们的产品，那么他们的产品和服务肯定是值得信赖的。

再者，强调公司在行业内的领导地位及所获得的众多荣誉奖项，进一步强化了公司的专业形象和优质口碑。

最后，用具体的数据展示产品为其他企业带来的实际效益，如成本节省和效率提升，使客户能够更加直观地想象到该 ERP 系统可能为企业带来的价值，从而成功地吸引了客户的注意力，并激发了他们的兴趣，为后续深入的销售沟通创造了有利条件。

【金句】

1. 我们公司是国内智能家居领域的开拓者和引领者，拥有超过 20 年的行业经验，参与制定了多项国家标准，像××××就是我们牵头制定的。

2. 我来自行业领先的××××（公司名），我们为×××（知名企业案例）定制方案，效果卓越，这次也能帮您突破业务瓶颈。

3. 您好，我是××的销售代表，我们品牌是行业奖项得主，产品性能独步市场，一定能给您不一样的体验。

4. 老板好，我们公司有 20 年历史，技术沉淀深厚，研发能力强劲，特别是一些核心产品在行业内屡获大奖。

5. 您好，我是××公司的小李，公司有上市企业背景，××××（明星产品）品质有保障。

6. 我们公司曾被某权威媒体报道过，产品声名远扬，有很大市场占有率，希望能给贵公司带来好的使用体验。

7. 我公司是环保行业的标杆企业，拥有 50 多项自主研发的专利技术，产品畅销全球 80 多个国家和地区。我们针对贵企业的生产特点制定了一套专属的环保解决方案。

8. 我们公司汇聚了国内顶尖的 AI 科研人才，公司的产品和技术被评为"2024 年最具潜力的 AI 应用"。今天，我为您带来了我们面向中小企业的 AI 智能办公助手。

9. 我们拥有 2000 多个配送中心和 10 万辆运输车辆，日处理包裹量超过 1000 万件。凭借高效、精准、可靠的物流服务，帮助客户降低了 25% 的物流成本。现在，我们针对您所在的行业推出了专属的物流解决方案。

10. 我们拥有一支由国际顶尖创意人才组成的团队，平均每位创意人员都拥有 10 年以上的行业经验，并曾获得多项国际创意大奖。我们有能力为您的企业量身定制最具传播力的广告方案。

4.故意找碴：鸡蛋里挑骨头，激起对方的好奇心

在销售开场白策略中，故意找碴是一种别出心裁的话术。它是指销售人员在开场沟通时，不是直接夸赞产品的优点，而是有意地指出市场上同类产品或者客户当前使用的产品、服务存在的一些问题、痛点或不足。这种开场白看似是在"挑刺"，实则是一种巧妙地引起客户注意、激发客户好奇心的方式。

【经典案例】

张明是一家新型环保家具公司的销售员，负责推销一款采用了最新环保材料和创新设计的智能沙发。一次，他来到一家高端家居生活馆，找到

了负责人李经理。

李经理得知他的来意，问："你们的产品都有哪些方面的优势？"

张明没有正面回答，而是皱着眉头说："李经理，我在市场调研中发现，现在很多所谓的高端沙发都存在一些问题。一些沙发虽然外观看起来华丽，但坐久了就会发现坐垫的回弹性很差，容易塌陷，不仅影响舒适度，还大大缩短了使用寿命。而且，不少沙发在环保方面让人担忧，材料散发的有害气体可能会对家人健康造成潜在威胁，尤其是对有小孩和老人的家庭更不友好。"

对此，李经理表示认同。张明接着说："但是，今天我来就是想跟您分享一款可能会改变您对沙发认知的产品。我们公司的这款智能沙发采用了独家研发的新型环保材料，经过上万次的压力测试，坐垫的回弹性始终保持在95%以上，确保长期使用不变形。在环保方面，我们通过了国际最严格的检测标准，有害物质含量几乎为零，真正做到了安全无忧……我觉得您作为专业的家居经营者，一定会对这样一款能够解决行业痛点的产品感兴趣。"

李经理的好奇心被彻底激发，他迫不及待地让张明详细介绍这款沙发，并打算安排产品展示和试用。

【场景解析】

在上述案例中，张明首先通过指出市场上同类产品普遍存在的问题，如坐垫回弹性差和环保隐患，引起了李经理的共鸣和担忧。这些问题正是李经理在经营过程中曾经会遇到或担心的，这使他对张明的话更加关注和重视。接着，张明适时地推出产品，将其塑造成解决这些问题的完美方案。通过对比，张明突出了产品在回弹性、环保性和智能功能等方面的优势，让李经理看到了产品的独特价值和市场潜力。这种先抑后扬的开场方式，极大地激发了李经理的好奇心。

此外，张明以专业的态度和详细的数据支撑自己的观点，如"上万次的压力测试"和"国际最严格的检测标准"，增强了话语的可信度和说服力，让李经理更加相信产品的品质和性能。

【金句】

1. 你们的销售业绩之所以上不去，和员工能力、市场没有关系，而是在运营中存在一个致命问题，您知道是什么吗？

2. 贵公司存在这么大的管理漏洞，你们竟然熟视无睹，再这么下去，后果很可怕！

3. 刘总，我发现一个很严重的问题，即公司与顾客缺乏互动、回应不及时，如果能创新性地引入虚拟现实和人工智能技术，这个问题就会迎刃而解。

4. 赵老板，你们的这种外卖包装既不环保，也不保温，而且还影响食物的口感和品质。您有没有考虑过更换外卖包装呢？

5. 你们的家居装饰画大多缺乏创意和个性，很难与家居风格完美融合。现在流行个性化定制，这是未来市场的主流，您也应转变思路。

6. 说实话，你们的团建活动形式单一，员工参与度不高，无法达到增强团队凝聚力的效果。为什么不尝试在团建中融入拓展训练、趣味游戏和文化体验等多种元素呢？

7. 市面上的很多养生保健品成分杂乱，效果不明确，吃了跟没吃似的，还花了不少钱。今天我带来的这款保健品经过了严格的科学验证……

8. 现在很多企业培训课程流于形式，讲师只会照本宣科，学员听着犯困，实际应用更是无从谈起。我们的这套培训体系则采用全新的互动式教学和真实案例实操，能够让员工迅速将所学知识和技能转化为业绩。

9. 您看那些普通的空气净化器净化范围小，滤网更换频繁，成本高得离谱。我们这款净化器运用了最新的净化技术，超大净化空间，长效滤网，高效又实惠。

10. 别再相信那些所谓的网红美容仪，其功能大多是噱头，不仅效果微乎其微，还可能损伤皮肤。我们这款美容仪运用了独特的技术……

5.营造场景：老朋友，今天给你捎个好东西

通过营造老友重逢的氛围，让客户在心理上放松警惕，从而打破与客户之间陌生的隔阂，为后续深入的销售沟通创造有利的条件。

【经典案例】

小雅是保险销售精英，她通过朋友介绍得到了企业主王总的联系方式。初次与王总通电话时，她热情地说："王总，您好啊！我是小雅，最近忙啥呢？上次和赵惠经理（共同朋友名字）一起吃饭时，他还跟我念叨您呢，说您在行业里可是响当当的人物。这不，我一听说有个特别适合您和您企业的好东西，就赶紧给您打电话。"

王总虽有些疑惑，但还是礼貌地附和道："哦，是什么好东西？"

小雅接着说："王总，是这样的，我们公司新推出了一款专门针对企业主的综合保险计划，它不仅能为您的家庭提供全方位的保障，像重疾、意外这些风险都能覆盖，还能为您的企业保驾护航，保障企业在面临各种突发状况时的资金流稳定。您看，您每天为企业操劳，肯定希望家人和企业都能无后顾之忧，对吧？我觉得这个保险计划就像为您量身定制的一样，今天就迫不及待地想跟您详细说说。"王总听后没有立刻拒绝，而是表示愿意先了解具体内容。

【场景解析】

在这个案例中，首先，小雅借助共同朋友这一桥梁，自然地拉近了与王总的距离，让王总在潜意识里觉得她并非完全陌生的人，而是与自己的社交圈子有所关联。这种提及共同朋友的方式能够迅速唤起王总的亲近感

和好奇心，使他愿意倾听小雅接下来要说的内容。

除此之外，小雅用热情洋溢且亲切的语气与王总交流，就像对待相识已久的老友，进一步强化了这种熟悉的氛围。在介绍产品时，她没有采用生硬的推销方式，而是站在王总的角度，强调产品对其家庭和企业的重要性和适用性，让王总感受到她是在真心为自己着想，而不仅仅是为了推销产品。

【金句】

1. 您好，刘总，好久不见！我是小王，刚从×××（共同去过的地方）回来，就想起您了。

2. 上次咱们在×××（共同朋友聚会／活动）上聊得那么开心，您还记得吗？

3. 赵经理，我是刘爽，最近和康康聊天，他说您忙于×××。我刚好有个这方面的好帮手，希望它能帮到您。

4. 您好，周总！我是小军，上次听您说了孩子在学习方面的情况，我一直记着。最近我了解到一个在线教育平台，里面的课程都是名校名师授课……

5. 王总，我和您的大学同学张三前几天一起吃饭，他跟我聊了很多您的事情。等您方便的时候，咱们一起坐坐。

6. 嗨，王哥！我是刘帅，之前是在咱们的一个培训班认识的。我知道您是大忙人，这不，我推荐您一款既能管理时间又能进行健康监测的神器。

7. 侯总，上次咱们在某个行业研讨会上见过。我这儿有个新的行业报告，里面都是干货，对咱们这行的发展趋势分析得很透彻，想着您肯定用得上，我给您拿过来。

8. 赵董，好久不见啦！我是小李呀，前几天还和陈总聊起您，他说您喜欢爬山。正好我们工厂刚研制出一款新式登山鞋，希望您给点意见。

9.李总，上次咱们一起在赵总家做客，我看您对茶很有研究。今天，我特意从老家的深山茶园带了一点普洱茶，希望您能帮忙品鉴品鉴。

10.王姐，我是丽丽，上周咱们一起参加社区的读书分享会，当时，您说正在找《××××》这本书。我刚好有一本珍藏版，给您送过来看看。

6.利益诱惑：从客户的渴望入手，提供增值服务

在销售过程中，要善于发现并突出强调客户最关心的利益点，吸引客户的注意力，最终促成交易。这需要深刻理解客户心理，并能够精准地表达产品或服务将会为客户带来的价值。

【经典案例】

老陈是一家高端美容护肤品专卖店的销售顾问。一次，一位女士走进专卖店，他没有急于推荐产品，而是说："女士，您好！您拥有如此优雅的气质，一定对外貌也相当重视。许多女性都渴望拥有年轻、光滑、细腻的肌肤，但这需要长期坚持正确的护肤方式。我们这款产品采用来自×××的珍稀植物精华，能够有效淡化细纹、提亮肤色，让您看起来至少年轻五岁！您不妨想象一下，五年后，当您的同龄人开始显现衰老迹象时，您依然容光焕发，自信满满，这难道不是一种令人羡慕的优势吗？"

【场景解析】

老陈的开场白并没有直接介绍产品的成分和功效，而是从客户的渴望——"拥有年轻、光滑、细腻的肌肤"入手，并巧妙地将产品的利益点与客户的长期价值——"保持年轻，保持自信"联系起来，成功地推出产品。这种利益点并非简单的产品功能，而是与客户的内心需求、长期价值

13

息息相关，更具吸引力。

【金句】

1. 您知道吗，使用我们的产品，您每月可以节省 ×× 元的开支。

2. 我们的产品能帮助您提升30% 的工作效率，让您轻松应对繁忙的工作。

3. 这款产品能显著改善您的 ×× 问题，让您拥有更自信、更健康的生活。

4. 投资我们的服务，您将在未来 10 年内获得 100 倍的回报。

5. 选择我们的方案，您将享受到专属的 VIP 服务，让您尊享无忧。

6. 这款产品能帮助您提升形象，让您在社交场合更加自信。

7. 使用我们的产品，您将拥有 ×× 的独特体验，这是其他产品无法比拟的。

8. 我们的服务能保障您的切身利益，让您免受不必要的风险和损失。

9. 我们的产品能帮助您节省一半的时间，让您有更多的时间陪伴家人和朋友。

10. 选择我们，您将获得 ×× 的增值服务，获得更多的价值。

7. 直戳痛点：你生病莫着急，我来为你开药方

在销售中，要善于发现并精准表达客户的需求和问题，并将产品或服务定位为解决这些问题的"药方"，从而打动客户，建立信任，最终促成交易。这需要销售人员具备敏锐的洞察力和精准的表达能力，能够将抽象的需求转化为具体的痛点，并用有说服力的语言进行表达。

【经典案例】

倩倩在一家专业企业培训机构担任销售经理，她总是能够通过直戳客

户痛点的方式轻松"搞定"客户。一次，她去拜访一家中小型企业的管理层，谈话间，她会将话题不断切向客户的痛点，她是这么说的："各位领导，你们好！我今天来拜访贵公司，是因为我了解到贵公司近几年员工流失率较高，团队凝聚力不足，管理效率有待提升……这些问题不仅会增加人力成本，更会影响公司的长期发展，对吧？而这些，正是我们企业培训机构所擅长的领域。我们拥有丰富的企业培训经验，能够为贵公司量身定制培训方案，帮助贵公司提升员工技能，增强团队凝聚力，提高管理效率，最终降低员工流失率，提升公司整体效益。"

【场景解析】

倩倩没有像大多数销售那样开门见山地介绍公司的课程内容或师资力量，而是直接点明了这家企业面临的痛点——"员工流失率高、团队凝聚力不足、管理效率低"。她精准地抓住了客户最关心的问题，并将公司的培训服务定位为解决这些问题的有效方案，从而提升了客户的关注度和信任感，引起了客户的共鸣。这种直击痛点的策略比泛泛而谈能更有效地吸引客户的注意力，并且能够促成后续的深入沟通。

【金句】

1. 我知道您公司目前面临着×××问题，这直接影响了您的××，对吗？

2. 很多企业都在为××问题而苦恼，这导致了××××的损失，而我们能够帮助您解决这个问题。

3. ××问题是许多企业都绕不开的坎，我们的培训方案正是针对这个问题设计的。

4. 如果不解决××问题，您的公司将会面临×××风险，我们的产品可以帮您有效规避这些风险。

5. 您的员工缺乏××技能，这直接导致了工作效率低下，我们的这套系统能够有效提升员工的技能水平。

6. 您的团队凝聚力不足，这影响了团队的协作效率，我们的培训能够有效增强团队凝聚力。

7. 您的管理效率低下，这导致了资源浪费和成本增加，我们的培训可以帮助您提升管理效率。

8. 贵公司的市场竞争力不足，这导致了市场份额下降，我们的这套营销系统可以帮助您提升市场竞争力。

9. 我知道您很重视员工的成长和发展，而我们的培训将会为您的员工提供更广阔的发展空间。

10. 我们已经帮助许多企业解决了类似问题，取得了显著成效，您可以参考我们的成功案例。

8. 场景描绘：描绘生动画面，带入客户思绪

在销售过程中，仅仅罗列产品的功能和参数往往难以打动客户，而运用场景描绘的技巧，则可以有效地将抽象的产品概念转化为具体的、可感知的画面，从而激发客户的兴趣和购买欲望。

【经典案例】

小张是一家高端度假酒店的销售经理，他通过电话向一位潜在客户推销酒店的豪华套房。"您好，李先生，想象一下：夕阳西下，您和家人漫步在柔软的沙滩上，轻柔的海风拂过您的脸庞，孩子们在沙滩上嬉戏玩耍，远处传来海浪轻柔的拍打声……这时，您走进我们酒店的豪华套房，在宽敞明亮的房间里，摆放着舒适柔软的大床，您走到落地窗前，将窗外的无敌海景尽收眼底……您可以在私人阳台享用精致的晚餐，看着星空

点点，享受这美好的亲子时光……这就是您在 ×× 度假酒店可以拥有的体验。"

客户沉默片刻说："听起来确实很吸引人，我已经很久没有和家人度过这样惬意的时光了。不过，我还是有些担心实际情况会不会和你描述的有差距。而且价格方面，不知道是否在我的预算范围内呢？"

小张立刻回答："李先生，您放心，我们酒店一直以高品质服务著称，客人的满意度极高。现在正值酒店的感恩回馈季，豪华套房有非常优惠的价格，性价比远超您的预期，我可以详细给您介绍一下套餐内容。"

【场景解析】

小张并没有直接介绍酒店的房间设施和服务，而是通过生动的语言构建了充满诗情画意的场景，让客户仿佛身临其境，感受到久违的轻松、舒适、愉悦的氛围。他巧妙地将酒店的优势与客户的理想度假体验结合起来，激发了客户的向往之情，为后续的销售洽谈奠定了良好的基础。

【金句】

1. 想象一下，您在舒适的家中，享受着我们的产品带来的便捷……

2. 想象您在新办公室，超大落地窗透进阳光，绿植生机盎然，办公桌椅舒适，工作效率都得以飙升。

3. 结束忙碌的一天后，您回到家，一切早已准备妥当……

4. 在重要的商务会议上，您自信满满地向客户展示我们的产品……

5. 孩子在安全的游乐场里尽情玩耍，您也可以放心地陪伴……

6. 运用这套系统，在安静舒适的环境中，孩子可以全身心地投入到学习中。

7. 想象一下，您开着这款车驰骋在沿海公路上，海风拂面，车载音响正播放着您喜爱的音乐，您自由又潇洒。

8. 炎炎夏日，当您走进凉爽的空调房，轻启我们的空气净化器，呼吸着清新空气，身心将会多么舒畅啊！

9. 假期中，您背着这款旅行包漫步于异国古老的街道，探索未知，那定会是收获满满的一天。

10. 当您穿上这件晚礼服步入宴会时，水晶灯闪耀，众人的目光都聚焦在您的身上，您的裙摆飘逸生姿，自信优雅会瞬间绽放。

9. 热点关联：错过了，真就OUT了

在激烈的市场竞争中，如何快速抓住客户的注意力呢？热点关联是一个不错的策略。在销售话术中，销售人员要善于将产品或服务与当前的热点事件、社会趋势或客户关注的焦点巧妙地联系起来，制造紧迫感和稀缺感，从而提升销售转化率。

【经典案例】

周林是一家新能源汽车公司的销售顾问。每当有客户上门咨询，其他销售人员第一时间就向客户介绍汽车的性能参数。周林与众不同，他巧妙地将汽车与国家政策和环保理念联系起来。通过这种热点关联的方式，他每月的销售业绩都是第一。

通常，他会这样向客户介绍："您好，王先生，您最近肯定也关注到国家大力发展新能源汽车，出台了一系列鼓励政策，像减免购置税、购车补贴等等，对吧？现在购买新能源汽车不仅环保节能，还能享受到国家政策带来的实惠。我们这款车型正是结合了国家政策和市场趋势的最新产品，不仅性能优越，续航里程长，而且价格十分优惠。如果您错过了这次机会，那么一旦政策调整或者车型更新换代，您可能就要付出更多的成本了。现在购买，才是最划算的选择！"

【场景解析】

周林不急于向客户介绍汽车的配置，而是先将汽车的购买与国家政

策、环保理念和市场趋势联系起来，制造了紧迫感和稀缺感。他利用国家政策作为切入点，强调了购买新能源汽车的优势和优惠，并暗示了错过这次机会的潜在损失，从而有效地促进了客户的购买意愿。这比单纯介绍汽车性能更能打动客户，因为政策和趋势是众多客户普遍关注的热点。

【金句】

1. 最近 ×× 政策出台，对您购买我们的产品非常有利，您知道吗？

2. 现在购买我们的产品可以享受 ×× 优惠活动，这是限时限量的哦！

3. 这款产品是根据最新的 ×× 趋势设计的，它将引领未来的潮流。

4. 很多人都抢着购买这款产品，现在库存已经不多了，您抓紧时间吧！

5. 错过这次机会，您可能就要多花 ×× 钱，或者等更长时间才能买到同样的产品。

6. 现在不买，以后可能就买不到了，因为 ×××× 原因，这款产品将很快停产。

7. 大家都说我们的产品好用，好评如潮，您也来体验一下吧！

8. 很多人都说我们的产品性价比高，物超所值，您试试就知道了！

9. 这款产品是根据最新的 ×× 技术研发的，拥有领先的科技水平。

10. 我们的产品不仅好用，还很环保，符合现在人们的绿色环保理念。购买我们的产品，您在为环保做贡献的同时，还能拥有优质产品。

10.现场演示：小露一手，打消对方的顾虑

运用现场演示的方式，让客户亲身体验产品的优势和功能，从而消除他们的疑虑，提升他们的购买信心。这需要销售人员具备熟练的产品操作技能和清晰的讲解能力，能够在演示过程中有效地引导客户，并针对客户提出的问题进行解答。

【经典案例】

高叶是一家智能家居公司的销售经理，每次向客户推销智能家居系统时，他总会碰到难题：客户对这类系统知之甚少，还对稳定性、安全性及操作难度满怀疑虑。因此，高叶调整销售策略，不再口干舌燥地讲述功能、款式，而是注重现场演示。

这天，面对前来咨询的几位客户，高叶热情开场："您好呀，欢迎了解咱们的智能家居系统。我先简单给您讲讲整体架构和主要功能，好让您心里有个底。"说完，她拿着产品模型大致讲解了一番。随后，她掏出手机，笑着对客户说："来，您瞧好了，这就是控制咱们家里那些设备的'魔法棒'——手机APP。"他轻点屏幕，屋内灯光随之渐亮，"您看，像这样，不管您是在家'葛优躺'，还是在下班回家的路上，只要手指轻轻一点，灯光会立马按您心意亮起来，多方便呐。"

有的客户微微点头，有的客户仍有疑虑："看着是不错，不过操作会不会太复杂？我怕家里的老人和孩子不会用。"高叶自信地回应道："您放心，这操作简单得很，就拿窗帘来说吧。"他边说边操控手机，窗帘缓缓拉开。他继续说道："如果您家的老人不想动手拉窗帘，那么喊一嗓子也行。"接着，他提高音量："小助手，关上窗帘。"窗帘立马听话地合上，客户露出些许惊讶之色。

客户又问："如果我家布局特殊，这系统能适配不？"高叶耐心解答："当然能，咱这系统最大的亮点就是个性化定制。您说说您家的需求，我现场设置，演示给您看。"

亲眼看到高叶的现场演示，客户的顾虑一扫而空，对产品的兴趣明显高涨，产生了进一步了解的意向。

【场景解析】

高叶通过现场演示让客户亲身体验到产品的便捷性和安全性。他选择从客户最关心的几个方面入手，例如稳定性、安全性及操作复杂程度等，有针对性地进行演示，从而有效地打消了客户的顾虑。这个案例成功地展现了现场演示的重要性，现场演示比单纯的口头解释更具说服力，更能提升客户的信任度。在整个演示过程中，他注重客户参与度，并积极回应客户的疑问，营造了轻松愉悦的氛围。

【金句】

1. 您现在看到的就是我们这款产品最核心的功能，请您亲身体验一下。

2. 这个功能非常简单易用，只需要您轻轻一点，就能……

3. 您看，这个系统非常稳定，即使您同时控制多个设备，也不会出现卡顿现象。

4. 我们的安全系统非常可靠，能够有效防止非法入侵，保障您的家庭安全。

5. 您不用担心操作复杂，我们系统非常人性化，即使是老年人也能轻松上手。

6. 您现在就可以试试，有什么问题都可以随时提出来，我会耐心为您解答。

7. 这个功能可以根据您的需求进行个性化设置，来，我帮您演示一下。

8. 您现在看到的只是系统的一部分功能，它还有很多其他的实用功能能够满足您各种各样的需求。

9. 我们这款系统性价比很高，功能齐全，价格合理，绝对物超所值。

10. 很多客户都对我们的产品赞不绝口，您也可以成为我们的一员，享受高科技产品带来的便捷和舒适。

第二章
建立共情：讲顾客想听的，
不讲自己想说的

　　真正的销售艺术绝非一场自说自话的独角戏，而是一场与顾客心灵共舞的双人华尔兹——不做单向的输出，而做双向的沟通，学会用顾客的语言、从顾客的视角去讲述产品故事。

1.真诚为先：以心换心，建立长期关系

将真诚作为沟通的基础，以客户的需求为出发点，提供超出预期的服务，建立信任，才有助于建立长期的合作关系。这需要销售人员具备良好的沟通能力、同理心和服务意识，能够将真诚融入到每一次与客户的互动中。

【经典案例】

小丽在一家高端定制服装店担任销售顾问。这天，她接待了一位非常挑剔的顾客——王女士。

王女士对服装定制要求较高："面料得是上乘的，款式既要时尚又得衬托我的气质，剪裁更不能有半点马虎，不然穿在身上不舒服，还显不出档次。"

小丽面带微笑，不急不躁地回应："姐，您放心，咱们先看看您喜欢哪种风格，我先了解您的喜好，再结合您的身材特点给您推荐。"

选料时，小丽拿起一块面料，微笑着说："姐，您看看这块桑蚕丝面料，柔软光滑、透气不闷，就是得干洗；还有羊毛混纺的，保暖挺括，就是没那么软乎。您侧重哪方面？"王女士略加思索："我想要舒服的，就选桑蚕丝吧。"

试装时，王女士穿上新衣服美滋滋地照镜子，却忍不住皱起眉头说："肩部有点紧，不得劲。"小丽赶忙上前说："王女士，您感觉真准，我马上调整下，放点松量，保证您既合身又自在。"

小丽全程真诚服务客户，最终，王女士满意地点点头："行，就定这套吧，你的服务既专业又贴心，以后我还找你做衣服。对了，我会向朋友

推荐你的。"小丽笑着答谢。之后，王女士成了店铺的长期客户，每次都点名让小丽为她服务。

【场景解析】

面对挑剔的客户，小丽选择用真诚与耐心对待。特别是在介绍面料和提供建议时，她不夸大、不隐瞒，实事求是地阐述每种面料的特性，让王女士感受到她是真心为客户着想，而非单纯为了促成交易。她在试装环节的细致入微，更是基于对客户满意度的真诚追求，不放过任何可能改进的细节。可见，在销售中，真诚不仅仅是一种态度，更是打开客户心门、赢得长期合作与树立口碑的核心力量。销售人员只有让客户感受到真诚，才能收获客户的忠诚，得到客户的推荐。

【金句】

1. 感谢您选择我们，您有什么需求都尽管说出来。

2. 您的想法非常好，我有一些建议，希望能帮到您。

3. 您放心，我会尽我所能，为您提供最优质的服务。

4. 您的意见对我们非常重要，我们会认真考虑您的反馈。

5. 如果有什么问题，您随时可以联系我，我会尽力帮您解决。

6. 为了更好地满足您的需求，我们还可以……

7. 您的满意就是我们最大的动力，我们会一直为您提供优质的服务。

8. 希望我们的长期合作能够给您带来更多价值。

9. 如果您有朋友需要类似的服务，可以随时把我们推荐给他们。

10. 非常感谢您的信任，我会一直努力为您提供最好的服务，希望我们能建立长期的友谊。

2.自信表达：清晰、简洁、有感染力

当销售人员以清晰、简洁且富有感染力的语言与客户沟通时，传递的不仅仅是产品或服务的信息，更是信任与专业的力量，让客户不由自主地被吸引，并产生购买冲动。

【经典案例】

小何是一家科技公司的销售代表，负责推销一款新型的智能办公软件。他的目标客户是一家中型企业的老板张总，该企业正面临办公效率低下、团队协作不畅等问题。

一天，小何与张总约好了见面时间，一进入会议室，他便挺直腰杆，面带微笑，眼神坚定地与张总握手问好，瞬间散发出自信的气场。坐下后，他没有急于打开电脑展示软件，而是说道："张总，您好！我今天来，带着一个能够彻底改变您企业办公现状的方案。您目前是不是正为员工之间文件传递烦琐、项目进度难以把控、跨部门协作困难这些问题而头疼呢？（停顿，等待张总回应）我们这款智能办公软件就是专门解决这些痛点的。它操作极其简便，就像您使用智能手机一样轻松上手……您可以随时掌控全局，做出精准决策，大幅提升办公效率。我有十足的信心，它会成为您企业发展的得力助手。您想不想现在就体验一下它的便捷呢？"

张总被小何自信且清晰的介绍所吸引，露出了感兴趣的神色，随后小何便有条不紊地开始演示软件。在演示过程中，他继续用简洁有力的语言讲解着各种功能的优势和操作方法，不时与张总进行眼神交流，回答张总的问题，最终成功地促成了这笔交易。

【场景解析】

在这个案例中，小何的成功得益于他自信表达的多个关键要素。首先，他的开场白简洁明了，直接切中客户的痛点，通过提问的方式引起张总的共鸣，让张总感受到他对企业问题的深刻理解，从而迅速抓住了张总的注意力。

其次，他的肢体语言和眼神交流也充分展现了他的自信。挺直腰杆、面带微笑及坚定的眼神，都能给客户留下专业可靠的印象，增强了他话语的可信度。在与张总的互动中，他及时回应问题，表现出对产品的熟悉程度和对销售过程的掌控力，进一步强化了张总对他的信任。

【金句】

1. 这款产品是我们品牌的明星产品，它历经市场考验，畅销多年，是众多客户的首选。

2. 相信我，选择它，您一定不会后悔。

3. 我向您保证，它绝对物超所值。

4. 您可以亲身体验一下，感受它的实际效果，绝对会让您震撼。

5. 这款产品是我最有信心推荐给您的，它的优势和价值远超您的想象。

6. 这款产品在市场上独一无二，是我们团队的骄傲之作。从设计到生产，每一个环节都严格把关，只为给像您这样有眼光的客户提供最好的选择。

7. 如果说别的产品只能做到及格，那么我们的这款产品追求的是卓越。

8. 选择这款产品，就是选择与高品质生活（高效工作）接轨。

9. 这款产品已经得到了众多权威机构和专业人士的认可，它的品质和效果有目共睹。您无需多虑，放心把它带回家吧。

10. 我对这款产品了如指掌，对于它的每一个细节、每一项功能，我都能详细为您解答。

3. 兴趣搭桥：从客户的爱好入手建立信任

巧妙地从客户的爱好入手，找到与客户的共鸣点，让沟通不再生硬和功利，而是充满温情与默契。如此，就能在潜移默化中赢得客户的信任，为成功销售开辟一条绿色通道。

【经典案例】

小李是汽车销售顾问，他遇到了一位看似很难搞定的客户张先生。张先生是摄影爱好者，对汽车的要求不仅在性能上，还希望车辆能够满足他外出摄影的各种需求。

在与张先生的初次接触中，小李注意到对方随身携带的专业相机包，便微笑着说："张哥，我看您这相机包可不一般啊，您是不是很喜欢摄影？"张先生眼睛一亮，说："是啊，摄影是我的一大爱好，只要有时间，我就会开车出去采风。"

小李接着说："那可太巧了！我虽然算不上摄影高手，但也一直对摄影很感兴趣，平时也会研究一些摄影作品和拍摄技巧。我知道对于摄影爱好者来说，一辆合适的车太重要了。我们店里新到的一款 SUV，它的后备箱空间超大，而且后排座椅可以完全放倒，这样您就能轻松放下所有的摄影器材，包括您那些长焦镜头、三脚架和无人机。而且它的悬挂系统经过特别调校，在通过一些崎岖山路时，能够保证车身的稳定性，减少震动，让您在前往拍摄地的路上不用担心器材因为颠簸而受到损坏。另外，这款车的全景天窗设计能让您在行驶过程中随时捕捉到头顶的美景，说不定还能给您的摄影创作带来新的灵感呢。"

听了小李的介绍，张先生表现出浓厚的兴趣，主动提出要去看车并试驾。在试驾过程中，小李继续与张先生交流摄影的话题，分享一些当地适合摄影的小众景点，并展示了车辆上专门为摄影爱好者设计的一些小细节，比如车内的电源接口可以方便地为相机电池充电，以及能够安装在车门上的小型收纳袋，可以用来放置滤镜等小配件。最终，张先生对这款车非常满意，当场决定购买。

【场景解析】

在这个案例中，小李的聪明之处在于精准地抓住了张先生的摄影爱好这一兴趣点，并巧妙地将汽车的特点和优势与之相结合。通过这种方式，张先生感受到小李不仅仅是在卖车，更是在关心他的需求和爱好，从而迅速建立起对小李的信任。首先，小李以摄影爱好者的身份与张先生展开对话，让对方产生了共鸣和亲近感。其次，在介绍汽车时，小李没有采用传统的销售话术，而是从摄影的角度出发，详细阐述了车辆如何能够满足张先生在摄影出行中的各种需求，让张先生看到这款车对于他的价值。最后，在试驾过程中，小李继续围绕摄影话题进行交流，并分享一些实用的信息，进一步加深了与张先生的情感连接。

【金句】

1. 看您朋友圈常晒旅游美照，这款新出的便携旅行背包收纳分区超棒，背着轻松，简直是您下次旅途的完美搭子！

2. 听说您爱下棋，这副手工象棋棋子温润，棋盘精美，对弈手感绝佳，是棋友必备。

3. 您喜欢分享烘焙成果，瞧，这专业级烤箱精准控温，多层同烤，能轻松帮您升级美味！

4. 见您爱画画，这套进口水彩颜料色彩纯正，晕染自然，可谓是灵感之源啊！

5. 您如此喜欢品茶，这把紫砂壶泥料上乘，壶型经典，会让茶香更醇厚。

6. 您喜欢养绿植，这款自动浇花器智能定时，水量精准，让您养护更省心。

7. 您爱听音乐会，这款降噪耳机音质纯净，降噪出色，定能让您沉浸在音乐中。

8. 您这么有气质，一定经常参加各种文化活动吧。这款艺术装饰品是由知名艺术家设计的，独特的造型和精美的工艺能为您的家增添浓厚的艺术氛围，彰显您的品位。

9. 瞧您一身运动装，您肯定是运动达人吧。这双专业跑鞋减震超棒，透气性一流，让您跑步时感觉轻松舒适，建议您试穿一下。

10. 看您常去摄影展，我们新出的相机镜头高清防抖，色彩还原度高，配上您的这款相机简直绝了。

4. 情感共鸣：拨动情感之弦，奏响共鸣之曲

单纯地介绍产品功能和优势往往不足以打动客户，共同的情感体验能够使客户与销售人员建立起紧密的联系，从而激发客户对产品或服务的认同感和购买欲望，让销售过程充满温情与感动。

【经典案例】

小陈是一家养老院的销售顾问。一次，他遇到了客户周先生。周先生事业有成，由于工作繁忙，无法长时间陪伴年迈的父母，内心深感愧疚。与周先生见面时，小陈轻声细语地说："周总，我理解您作为成功人士每天都在为事业拼搏，承担着巨大的压力和责任。就像我的父亲，他也是忙碌的商人，小时候我一直盼着他能多陪陪我，可他总是在各地奔波。（眼神真诚地看着对方）我能感受到那种为了事业而不得不暂时放下亲情的无奈和愧疚。现在您的父母年事已高，他们一定也很想念您，渴望

您的陪伴。"

周先生微微点头，面露落寞。小陈继续说道："我们养老院与众不同，注重营造家的氛围。房间宽敞明亮，似父母老房般温馨；花园精心打理，可供老人晒太阳、散步，回忆往昔。护工不仅专业，更善良耐心，待老人如亲长。我们还会定期组织亲子活动，让您能安心地陪伴父母，事业亲情两不误，这难道不是您所期望的吗？"

周先生被深深触动，眼睛湿润。经过后续参观和了解，他决定将父母送到小陈所在的养老院。

【场景解析】

在这个案例中，小陈成功地运用了情感共鸣的销售技巧。首先，他通过分享自己类似的经历，迅速拉近了与周先生的距离，让其感受到他们在情感上的共通之处，从而建立起初步的信任和亲近感。其次，他在介绍养老院时，紧紧围绕着周先生对父母的愧疚和关爱之情，强调养老院能够为其父母提供家一般的温暖、贴心的照顾及亲子团聚的机会，这些都精准地击中了其内心最柔软的部分。另外，他用真挚的语言和诚恳的态度表达了养老院的理念和优势，让周先生感受到他的真诚和专业，进一步强化了周先生的购买意愿。

【金句】

1.张姐，我知道您一直在为孩子的教育操心，就像我妈妈当年一样望子成龙、望女成凤。我们的课外辅导课程都是由资深教师授课……

2.李先生，我看您工作这么拼命，一定是想给家人更好的生活。我们这款理财产品……

3.您是不是总觉得自己为家庭付出了很多，却很少有时间关注自己的健康？我特别理解您。

4.赵大哥，您创业的艰辛我感同身受，为了能给每一个像您这样怀揣梦想的人打造坚实的创业后盾，我们精心筹备了专业的创业孵化服务。

5. 您为了照顾家人付出了很多时间，却无暇顾及自己的兴趣爱好，真的很伟大。您真的应该好好犒劳自己一下……

6. 您热爱旅行，追求自由，让我钦佩。我们的旅行团与众不同，不仅能带您领略热门景点的魅力，还会……

7. 张哥，我知道您是个念旧的人，对家乡的味道念念不忘。为了让您在异乡也能品尝到家乡的味道……

8. 我非常理解您对产品材质的担心，您放一万个心，我们的环保产品种类繁多，从可降解的生活用品到节能的家居电器……

9. 您整天忙于工作，很少有时间关注自己的健康，我特别理解您。如果您想在忙碌之余放松身心，我真心建议您……

10. 孙姐，从您看宠物的眼神里，我就能感受到您对宠物的那份爱。我们的宠物用品都是经过精心挑选的优质产品……

5. 幽默调侃：谈笑间让客户接受产品

幽默能够巧妙地化解客户与销售人员之间的陌生感与紧张氛围，如同在严肃的销售谈判中注入一股清新的空气，使交流变得轻松愉快，让客户在欢声笑语中更容易接受产品或服务信息，从而增加销售成功的概率。

【经典案例】

张晓丽是一家办公用品公司的销售代表。一次，她去拜见客户李女士。李女士是年轻时尚、性格开朗的广告公司老板。李女士的公司刚刚成立，需要采购一批办公桌椅和办公设备。

第一次与李女士见面时，张晓丽看到她的办公室里摆放着一些有趣的创意小摆件，便笑着说："李总，您这办公室布置得太有个性了，感觉不像办公室，倒像创意宝藏库！我刚进来还以为进了哪位艺术家的工作室呢。（李女士被逗笑）不过话说回来，您的创业精神就跟您的办公室风格一样独特又有活力！我们公司的办公桌椅也和您一样'不走寻常路'。"

李女士被张晓丽幽默风趣的介绍所吸引。接着，张晓丽又介绍了其他办公设备，同样以幽默调侃的方式突出了产品的特点和优势，整个过程充满了欢声笑语。最终，李女士不仅对张晓丽的产品非常满意，还与张晓丽建立了良好的合作关系，成了她的长期客户。

【场景解析】

在这个案例中，张晓丽成功地运用了幽默调侃的销售话术。她先是幽默地夸赞了李女士办公室的布置，找到了与李女士的共鸣点，迅速拉近了与李女士的距离，营造出轻松愉快的交流氛围。在介绍产品时，她又巧妙地将产品的特点与幽默的比喻、形象的描述相结合，让原本单调的产品介绍变得生动有趣，使李女士能够更加直观地感受到产品的独特之处。

此外，张晓丽的幽默调侃还展现出她自信、亲和力强的一面，让李女士觉得她不仅仅是销售人员，更是能够理解她需求、与她愉快交流的合作伙伴，从而增加了对她的信任和好感。

【金句】

1.您看这手机，拍照效果那叫一个绝！拍出来的照片，您要是发到朋友圈，别人都得以为您是专业摄影师，还得问您是不是偷偷进修了摄影课程呢！

2.姐，我们这面膜效果可厉害了！您敷上一片，第二天早上起来，皮肤嫩得能掐出水来。

3.大哥，您瞧这健身器材，用它锻炼一个月，效果比您在健身房练半年都强！

4.美女，我们这款时尚包包设计独特，款式新颖！您背上它，大家都会觉得您是时尚杂志的编辑。

5.姐，这款儿童学习机就像知识的百宝箱，里面什么都有。孩子用了它，学习成绩肯定突飞猛进。到时候您可得小心了，别让孩子学习太好，否则老师天天表扬，您还得忙着应付其他家长"取经"呢。

6. 您瞧这双运动鞋，这弹性简直就像脚下装了弹簧，您穿上它跑步就能像袋鼠一样蹦跶着前进，既轻松又省力。

7. 大姐，我们这套床上用品柔软得像云朵一样，睡在上面就像睡在棉花糖里，舒服得不想起来。

8. 妞儿，您看这台冰箱的空间大得就像哆啦Ａ梦的口袋，啥都能装下。

9. 美女，我们这款护肤品的效果那叫一个神奇，就像给您的脸请了一位私人美容师。

10. 刘大哥，有了这台投影仪，您就是"私人影院放映员"。

6. 展现同理心：设身处地，理解客户需求

销售人员要深入客户的内心世界，站在客户的角度看待问题，感受客户的需求，从而与客户建立起深厚的情感连接，使客户真切地感受到被理解、被关怀，如此，客户才更愿意接受销售人员推荐的产品或服务。

【经典案例】

一天，家居用品店的佳佳接待了一位愁容满面的女顾客。顾客说她刚刚搬到新家，想要重新布置家居，但又担心无法挑选到既实用又美观，还能符合自己有限预算的家具，而且她对装修风格也没有清晰的概念。

佳佳面带微笑，对顾客说："我完全能理解您现在的心情。刚搬到新家本是一件开心的事，但挑选家具却是让人头疼的难题。就像我自己当初装修房子的时候也是各种纠结，既想让家温馨舒适，又怕超支，那种感觉真的很煎熬。不过别担心，我们这里有很多不同风格和价位的家具，一定

能找到适合您的。"

接着，佳佳一边带着顾客慢慢参观，一边展示家具。同时，她还做耐心地讲解："您看这款简约风格的沙发，它的设计非常实用，没有过多复杂的装饰，不仅节省空间，而且清理起来也很方便。面料是高品质的耐磨材质，很适合日常使用，价格也比较亲民，不会给您造成太大的经济压力。而且这种简约风能够轻松搭配各种装修风格，即使您以后想要改变家里的布置，也可以继续留用，不用花费太多成本。您是不是觉得它能解决您的一些烦恼呢？"

在介绍过程中，佳佳时不时地询问顾客的意见和想法，根据她的反馈进一步推荐合适的产品。最终，在佳佳的帮助下，这位顾客挑选到了满意的家具。

【场景解析】

在这个案例中，佳佳很好地展现了同理心。比如，她通过分享自己装修房子的经历，让顾客感受到她们有着相似的困扰，从而迅速拉近了与她的距离。又如，在介绍家具时，她充分考虑到顾客对实用性、美观性和价格的需求，每推荐一款产品都围绕着这些关键因素展开，让顾客切实感受到她是在真心实意地帮助自己解决问题。更为重要的是，在整个销售过程中，佳佳始终保持着耐心倾听和积极回应的态度，让顾客感受到自己的意见被重视，这种尊重和理解进一步强化了顾客对佳佳的信任。

【金句】

1. 我明白您担心线上课程孩子不认真学，就像我当初给我弟选课时也有同样的顾虑。但我们这个课程有独特的互动式教学和实时监督系统……

2. 您说想要一台既能满足工作需求又能偶尔玩游戏的笔记本电脑，我特别理解，毕竟工作之余也需要放松。

3. 您担心宠物寄养在宠物店会不适应，我家也有宠物，所以我对您感同身受。我们的寄养服务有独立的舒适空间……就像您亲自照顾它一样。

4. 赵大哥，这款手机界面简洁，字体和图标都很大，方便老人查看，而且有一键呼叫功能，老人可以尽快上手，您就不用担心他们不会用啦。

5. 您担心减肥产品有副作用，这是很正常的。我们的这款产品是天然植物提取的，没有任何有害成分……您可以放心使用。

6. 您担心旅游团行程太赶玩不好，我也喜欢旅游，知道轻松愉快的旅行才是大家想要的……而且我们团的住宿和餐饮都很有特色，您一定会满意的。

7. 您担心买的护肤品不适合自己的肤质，这是很多人都会有的担忧……我相信，它一定能有效改善您的肌肤问题。

8. 黄大哥，我也经常在家里锻炼，明白您的想法。不过，这款折叠式健身器材设计巧妙，收纳方便……可以让您在家里拥有一个属于自己的小型健身房。

9. 每一位家长都希望孩子能有美好的未来。我们的课外辅导课程都是由经验丰富的老师授课……我相信能让孩子在学习中感受到快乐，获得成就感。

10. 您的这份孝心真的很让人感动。我也经常想怎么让父母生活得更好。这款床垫是专门为老年人设计的，软硬适中……

7. 价值肯定：认可客户的价值判断

"价值肯定"这一话术技巧强调销售人员要敏锐捕捉并真诚认可客户对于产品或服务价值的认知和判断，让客户感受到被尊重和被理解，从而增强客户对销售人员的信任，提升销售成功的概率，实现销售人员与客户的双赢。

【经典案例】

一次，张女士来到一家高端家居用品店选购商品，她对家居品质要求较高。在店内浏览时，她被一款设计简约但工艺精湛的实木餐桌所吸引，她仔细端详着餐桌，对其材质和做工表示赞赏，但又觉得价格有些偏高。

销售员注意到她的神情后，微笑着说："我能看出来您对家居用品有着独特的品位和敏锐的眼光。您看中的这款餐桌确实如您所感受到的那么好，它采用顶级实木材质，经过多位工匠师傅精心打磨和雕琢，每一处细节都彰显着品质与匠心。"

张女士说："看得出来，用料很不错。"

销售员说："这不仅是一张餐桌，更是一件艺术品。将其摆放在您家中，能够立刻提升整个空间的格调。我非常认同您对它价值的判断，对于这样高品质的家具，它所带来的不仅仅是使用功能，更是生活品质的象征和长久的陪伴。而且，我们店提供优质的售后服务，确保您在日后的使用过程中没有后顾之忧。虽然价格相对较高，但从长远来看，它的价值远超价格，您说是吗？"

张女士微微点头。销售员接着说："其实，像您这样注重生活品质的客户，我们还有一系列与之相匹配的家居产品，比如配套的餐椅，它的设计与这张餐桌相得益彰，不仅舒适，而且同样注重细节和品质；以及客厅的茶几，采用了相同的工艺和材质，能够营造出和谐统一的家居氛围，让您的家更显高雅品位。您要不要一起看看呢？"在销售员的引导下，张女士不仅购买了餐桌，还挑选了配套的餐椅和茶几。

【场景解析】

在这个案例中，销售员成功运用了价值肯定的销售技巧。她先是敏锐地察觉到张女士对餐桌价值的认可，及时给予了真诚的肯定，又进行了详细的阐释，让张女士感受到自己的眼光得到了认同。接下来，她从张女士注重品质的角度出发，强调了产品的高品质材质、精湛工艺及艺术价值，同时提及了售后服务，进一步强化了产品的价值感，从而打消了张女士对价格的顾虑。

在这之后，销售员利用张女士对品质的追求，推荐了配套的家居产品，通过打造整体的家居解决方案，满足了张女士的潜在需求，实现了销售的最大化，这一系列销售过程都建立在对客户价值判断的尊重和肯定之上。

【金句】

1. 我非常认可您对它价值的判断，而且现在购买，我们还赠送一条高品质的表带，让您能根据不同场合随心搭配，是不是感觉更超值了呢？

2. 您挑的这套护肤品，成分天然效果好，您真会选，护肤就是要只选对的，不选贵的！

3. 亲，您选的这款手机性能强劲，拍照超厉害，一看您就是懂行的，这配置用个几年都不过时！

4. 恭喜您选中了这款智能手表，它的健康监测和便捷功能非常适合您这样追求品质生活的人！

5. 这把办公椅人体工学设计超棒，看来您很重视办公舒适度，很有眼光！

6. 先生，您看中的这台投影仪画面清晰，在家就能享影院体验，您真是太会享受生活了！

7. 您选的这款烤箱温控精准，烘焙轻松，享受生活从此开始。

8. 帅哥，您选的这款电竞椅人体工学设计超舒适，游戏体验绝佳，您可真是电竞行家，就连选椅子都这么有眼光！

9. 大哥，您中意的这款山地自行车坚固耐用，变速灵敏，很多骑行爱好者都会选它！

10. 这个专业钓鱼装备质量上乘，功能实用，您居然一眼就看中它了，看得出来您是识货之人！

8.巧言赞美：善说溢美之词，提升客户好感度

在销售的艺术中，巧言赞美是一种强大而有效的工具。通过真诚且恰如其分地赞美客户，能够迅速拉近与客户的距离，让客户心情愉悦，如沐春风，从而提升他们对销售人员及产品或服务的好感度，使整个销售过程顺畅无阻。

【经典案例】

一天，王女士带着孩子来到一家 4S 店看车。她对一款家用轿车很感兴趣。在看车过程中，销售员小李注意到王女士的孩子活泼可爱，而且对汽车的一些细节也很感兴趣，总是问这问那。

销售顾问笑着对王女士说："大姐，您这孩子太聪明伶俐了，一看就是遗传了您的优秀基因。您把孩子教育得这么好，一定在孩子身上花了不少心思吧。就像您选车一样，对品质和细节都有着高要求。"

王女士有些腼腆地笑了。销售顾问接着说："您看我们这款车，车内的安全设计非常人性化，特别注重对儿童的保护，这对于像您这样细心呵护孩子的家长来说再合适不过了。而且，它的舒适性也很棒，您带着孩子出行，无论是短途游玩，还是日常接送，都能让孩子舒舒服服，您也能更安心地驾驶。"

听到小李的赞美，王女士脸上洋溢着幸福的笑容，开始和小李深入探讨车子的性能和配置。在介绍过程中，小李不失时机地夸赞王女士："您气质优雅，穿着有品位，一看就是生活有品质的人。咱们这款车的时尚外观和精致内饰也与您的气质相得益彰。"在小李的巧言赞美和专业介绍下，王女士很快就做出了购车的决定。

【场景解析】

在这个案例中，销售顾问先是从客户的孩子入手，夸赞孩子聪明伶俐，同时将孩子的优秀与客户的教育联系起来，让客户内心感到愉悦，从而营造了良好的沟通氛围。接着，销售顾问又将赞美延伸到王女士对生活品质的追求上，通过赞美她的气质和穿着，让她感受到自己被认可和被尊重。在介绍车子时，销售顾问还将车子的优点与王女士的需求和优点相结合，如车子的安全设计对应她对孩子的呵护、车子的舒适性对应家庭出行需求、车子的外观内饰对应她的个人品位等，让客户觉得这款车不仅是交通工具，更符合她生活方式和个人形象的选择，从而大大提高了她的购买意愿，最终促成了交易。

【金句】

1. 您的审美真是独到！这款时尚的包包和您的气质搭配得恰到好处，就像为您量身定制的一样，彰显出您的高雅品位。

2. 李大哥，看您对健身知识这么了解，身材又保持得这么好，您一定很自律，太让人佩服了！

3. 姐，您说话总是那么温柔有礼，一看就是有内涵、有修养的人。

4. 您在事业上这么成功，还这么顾家，真是新时代好男人的典范！

5. 孙姐，您的皮肤保养得这么好，白皙透亮，我很想知道您的护肤秘诀呢！

6. 您的穿搭风格独特又时尚，走在街上回头率一定超高！如果再搭配上这款限量版的鞋，那简直太惊艳了！

7. 王总，您的决策力真强，一看您就是干大事的人！如果您选择我们这款高效的办公软件，一定会如虎添翼啊！

8. 黄哥，您对美食的见解独到深刻，如果我没猜错的话，您肯定是个美食家！这套专业的厨具，一定能让您尽情施展厨艺。

9. 看您这么专业地询问产品细节，您肯定是行业高手！这款高科技产品正配您的精英身份！

10.美女，您的艺术修养令人钦佩！如果将这幅原创画作挂在卧室，一定能彰显您的高雅品位，它真是太适合您了！

9.梦想连接：深入客户的内心世界

在销售中，挖掘客户内心深处的梦想和渴望，将产品或服务巧妙地与之关联，让客户感受到购买行为不仅仅是一次交易，更是向理想生活迈进的关键一步，如此能够激发客户的购买热情和动力。

【经典案例】

一天，一对年轻的情侣来到一家旅行社咨询。他们一直梦想着能有一次独特而难忘的环球旅行，体验世界各地的风土人情，但由于工作繁忙，且不擅长做旅行规划，这个梦想一直未能付诸实践。

在咨询过程中，销售人员敏锐地捕捉到他们的梦想，微笑着说："我完全理解你们对环球旅行的向往，那一定是一场充满惊喜和浪漫的旅程。你们知道吗？我们旅行社专注于打造个性化的环球旅行方案，就像为你们的梦想量身定制的一样。"

接着，销售人员又详细介绍说："我们会为你们安排乘坐豪华邮轮，沿着古老的航线航行，让你们在海上的日子既能享受悠闲的时光，又能欣赏到绝美的海景。抵达每一个目的地后，当地的专业导游会带你们深入那些小众而独特的景点，让你们亲身感受当地最纯正的文化和生活方式。比如在意大利的托斯卡纳，你们将会住进古老的庄园，亲手制作意大利面，参加当地的传统节日；在日本的京都，你们将会身着美丽的和服漫步在古老的街道，体验茶道的宁静与优雅；在非洲的大草原，你们将会乘坐越野车近距离观赏野生动物，感受大自然的震撼与生命的力量。而且，我们会全程跟进服务，确保每一个细节都完美无缺，让你们无需操心任何琐事，只需要尽情享受这趟梦想之旅。"

听到这里，这对情侣的眼睛里闪烁着激动的光芒，他们被销售人员描绘的美好画面深深吸引，迫不及待地开始与销售人员讨论具体的行程安排。在后续的沟通中，销售人员根据这对情侣的喜好和预算，进一步优化了旅行方案，并与这对情侣签订了合同。

【场景解析】

在上面的案例中，销售人员成功地运用了梦想连接的销售技巧。他通过倾听和观察，精准地抓住这对情侣内心深处的环球旅行梦想，让他们感受到他的理解和关注。在介绍旅行方案时，销售人员又生动地描绘了旅途中的各种美好场景和独特体验，将旅行社的服务与客户的梦想紧密地连接在一起。他所提及的豪华邮轮、小众景点、当地文化体验等元素都充分满足了客户对于一次浪漫、独特、难忘的旅行的期待，让客户清晰地看到自己的梦想在他的帮助下逐渐成为现实，极大地激发了客户的购买欲望。

【金句】

1. 这款智能厨具功能多样，操作简便，能让您轻松烹饪美味佳肴！

2. 这套商务课程传授的是实战技巧，一定能为您开启精英晋升之路。

3. 美女，您是不是希望拥有一个梦幻般的婚礼？我们的婚庆策划团队，创意无限，细节完美，竭力帮您打造一生难忘的幸福时刻！

4. 您心中是否有个田园生活的梦想？这片郊外的生态农庄土地肥沃，配套齐全，让您回归自然，享受宁静！

5. 我们的企业管理咨询服务采取精准策略，拥有专业团队，必能推动您的商业梦想腾飞！

6. 先生，您向往自由随性的骑行之旅，这款高端碳纤维自行车是您的绝佳伙伴。它采用超轻材质，性能卓越，能伴您穿梭山林海滨，尽享骑行之乐。

7. 姐，我们的少儿艺术培养计划全面且专业。我们拥有顶尖师资，开设了丰富的课程，能够挖掘孩子天赋，为孩子的艺术梦想插上翅膀，助力孩子飞向广阔舞台。

8. 您热衷于汽车改装文化，展现个性风采，这套定制汽车改装套件定能让您的爱车独一无二。

9. 这套顶级电竞设备拥有高刷新率显示屏和灵敏的键盘、鼠标，让您的游戏梦想畅快淋漓。

10. 这款智能健身镜结合专业教练课程，让您在家就能享受私教般的指导。

10. 感恩有你：巧用感谢话术，赢得客户芳心

向潜在客户表达诚挚的谢意，能够让客户感受到被重视和被尊重，从而在情感上与销售人员建立更紧密的联系，增加客户对品牌的好感度和忠诚度，为成功销售营造良好的氛围，夯实基础。除了口头表达，还可以通过邮件、短信等方式表达感谢。

【经典案例】

小林是一家环保家居用品公司的销售代表，他通过市场调研结识了对环保产品有浓厚兴趣的赵女士。赵女士经营着一家小型民宿，一直想对民宿进行环保升级，但面对众多的环保产品，她犹豫不决，不知道该选择哪一家的产品。

小林初次与赵女士沟通后，便认真制定了一份详细的环保家居用品方案，包括各种产品的优势、适用场景及与民宿风格的搭配建议等，并亲自送到了赵女士的民宿。在交流过程中，小林真诚地说："赵女士，非常感谢您给我这个机会介绍我们的产品。我知道您为了打造独特又环保的民宿付出了很多心血，我也真心希望能为您提供一些有用的建议和合适的产品，帮您实现这个美好的想法。"

之后的几天里，小林又多次通过电话和短信询问赵女士对方案的意见，并根据赵女士的反馈对方案进行了优化和完善。即使赵女士还没有最终决定购买，小林依然保持着热情和耐心，在每次沟通中，他都会表达对赵女士的感谢，感谢她抽出时间考虑自己的方案，感谢她对自己工作的信任和支持。

终于，赵女士被小林的真诚和专业打动，决定采用小林公司的环保家居用品升级民宿。签订合同后，小林特意为赵女士准备了一份精美的环保小礼品，并附上了一封手写的感谢信。

【场景解析】

在这个案例中，小林之所以能赢得客户的信任，成功签订订单，关键在于小林总是及时表达感谢，并积极回应客户的疑虑。他并没有因为客户的犹豫甚至拒绝而气馁，而是将客户的反馈视为宝贵的意见，并以此改进产品和服务。这种真诚的态度不仅赢得了客户的尊重，还与客户建立了长久的信任关系。特别是成交之后，小林通过赠送礼品和手写感谢信的方式，进一步强化了赵女士对他和公司的好感。这种感恩行为有可能通过赵女士的口碑传播，为小林和公司带来更多的潜在客户。

【金句】

1. 感谢您抽出宝贵时间与我交流，您的意见对我们来说非常宝贵。

2. 非常感谢您的反馈，我们会认真考虑您的建议，持续改进产品。

3. 感谢您对我们产品的关注，期待未来有机会为您提供更优质的服务。

4. 虽然这次合作未能达成，但非常感谢您给予我们机会，祝您一切顺利！

5. 再次感谢您的耐心聆听，我们会尽快将您需要的资料发送给您。

6. 感谢您的理解和支持，我们将努力满足您的需求。

7. 特别感谢您对我们工作的肯定，我们会再接再厉，争取做得更好。

8. 由衷地感谢您提出的宝贵建议，我们会认真研究，并尽快回复您。

9. 感谢您一直以来的信任与支持，期待与您长期合作。

10. 感谢您提供如此详尽的信息，这将极大地帮助我们改进产品和服务。

第三章
痛点挖掘：能询善问，
打消客户顾虑

博恩·崔西说："销售专业中最重要的字就是'问'。"优秀的销售人员不会盲目地推销产品或服务，而是像经验老到的侦探一样，运用巧妙的询问技巧，从客户的只言片语、细微表情和行为举止中，抽丝剥茧地找出那些隐藏的痛点，进而有的放矢地展示所能提供的解决方案。

1. 开放式提问：随便聊聊，就能获得客户的信任

作为一种强大的沟通技巧，开放式提问能够帮助销售人员轻松打破僵局，深入了解客户的需求和痛点，最终提升销售转化率。不同于封闭式提问只能得到"是"或"否"的简单答案，开放式提问鼓励客户展开叙述，进而深刻了解其内心世界。

【经典案例】

张丽是一家环保科技公司的销售代表，负责推广一款新型空气净化器。她联系到一家幼儿园的园长王女士，上门拜访。

见面后，王女士态度谨慎，只简单地问："这净化器的价格怎么样？有哪些功能？"

张丽微笑着开启话题："王园长，咱先不着急说产品，我想先了解一下，您觉得咱们幼儿园平时的空气质量如何？您关注过孩子们的健康问题吗？"

王女士微微皱眉，说："唉，怎么不关注，孩子们经常咳嗽、过敏，我一直想改善空气质量，可愁坏了。"

张丽轻轻点头，又问："那您觉得要解决这些问题，关键得看重净化器哪些方面的功能呢？"

王女士思索片刻，说："肯定得安全，不能有二次污染，还得环保，性价比也得高，毕竟幼儿园开支大。"

了解了王女士的需求后，张丽介绍说："王园长，咱们这款净化器正合您意。它采用环保材料，净化过程零污染，安全有保障，而且对比同类型产品，性价比超高，能高效去除多种污染物，保障孩子们呼吸健康。"

王园长综合考量之后，认为张丽推荐的这款产品不错，经过一番询问、斟酌，她最终决定下单。

【场景解析】

在这个场景中，张丽通过开放式提问，逐步引导王园长深入阐述幼儿园存在的问题和需求。首先，她以询问王园长对幼儿园空气质量的看法为切入点，营造出探讨交流的氛围，而非生硬的销售氛围。这种开放式提问给予了王园长足够的空间表达自己的观点和感受。接下来，她没有急于抛出产品的解决方案，而是继续运用开放式提问，进一步挖掘王园长在选择空气净化器时最看重的因素。这样不仅能抓住客户的痛点，也能有针对性地介绍产品优势，从而极大地提高了销售的成功率和客户的满意度。

【金句】

1. 关于目前的状况，您能详细说说吗？

2. 您觉得目前最大的挑战是什么？

3. 您觉得目前最大的困难是什么？

4. 您希望未来的护肤品能在哪些功效上有新的突破呢？

5. 您认为哪些因素会影响您做出购买决策？

6. 能描述一下您工作的日常流程吗？

7. 您最近在生活中有没有遇到一些让您觉得不太方便，但又希望能改善的小困扰呢？

8. 您觉得现有的健康产品或服务，有哪些地方还没有达到您的预期呢？

9. 除了这个方案，您还有什么其他的考虑吗？

10. 您觉得当前工作中最大的问题和困难是什么？

2.封闭式提问：一步步锚定客户的需求与偏好

封闭式提问，作为一种精准的沟通技巧，能够帮助销售人员高效地掌控对话节奏，并快速确认关键信息，避免对话跑题，在此基础上，逐步引导客户聚焦于特定需求。

【经典案例】

王强是一家健身器材公司的销售代表，他向潜在客户李先生推销一款智能跑步机。李先生对跑步机略感兴趣，但并未明确表达购买意愿。王强并没有直接进行长篇大论的介绍，而是采用一系列封闭式提问，逐步引导李先生明确自身需求。

他首先问："李先生，您平时有跑步的习惯吗？"

李先生回答："有"。

他接着问："您一周大概跑步几次？"

李先生回答："两到三次"。

随后，王强又问："您希望跑步机具备哪些主要功能？例如心率监测、坡度调节等？"

通过这些封闭式提问，王强快速锁定了李先生的运动频率和对跑步机功能的需求，从而精准地介绍这款智能跑步机的优势，最终成功促成了交易。

【场景解析】

在销售中，类似的场景很多，它们的共同特点是：通过让对方回答"是"或"否"逐步缩小问题范围，进而明确客户的需求，避免漫无目的的沟通。这种方法能够帮助销售人员在短时间内精准定位客户的核心需求，将产品的特点与客户需求紧密结合，为后续的产品推荐和销售促成提供有力支持，使销售过程更加流畅、高效，客户满意度也随之提升，最终实现销售业绩的增长和客户关系的良好维护。

【金句】

1. 您平时多久使用一次类似产品？

2. 您觉得目前在提升顾客满意度方面做得够不够好？

3. 这两种颜色或款式，您更偏向于哪种？

4. 您希望产品在多久内交付？

5. 您是否需要我们提供额外的安装服务？

6. 您现在方便签署合同吗？

7. 对我们提供的售后服务，您是否满意？

8. 是否需要我们提供更详细的产品说明书？

9. 之前您使用过同类型的产品吗？

10. 您觉得这个价格是否超出了您的预算？

3.假设性提问：让客户的潜在痛点自动呈现

有些客户不善于清晰地表达需求，甚至他们从未意识到自己真正的痛点所在。这时，假设性提问便成为一种强大的沟通工具，它能够巧妙地引导客户进行自我剖析，将客户隐藏在潜意识中的需求和痛点挖掘出来，从而为销售人员提供精准的决策依据。假设性提问并非直接询问，而是以假设的形式提出问题，让客户在思考的过程中自然而然地暴露其需求和担忧。

【经典案例】

小王是某办公软件公司的销售代表，他在与一家中型企业的部门经理张经理洽谈时运用了假设性提问的方法。

张经理所在的部门负责公司的项目管理工作，但目前使用的项目管理工具较为烦琐，效率不高。小王了解到这一情况后，微笑着问张经理："张经理，如果有一种项目管理软件让您的团队成员在任何地点、任何时间都能够实时同步项目进度，并且自动生成可视化的数据分析报告，您觉得这会对您目前的工作流程产生什么样的影响呢？"

张经理思考了一会儿，回答说："那当然会方便很多，我们现在每次收集和整理进度数据都要花费不少时间，而且手动生成报告容易出错。如果真有这样的软件，应该能大大提高我们的工作效率和准确性。"

小王接着问："那假设这个软件还能根据不同的项目类型和团队成员的职责，智能分配任务和提醒截止日期，您觉得是不是能进一步减少沟通成本，避免任务拖延呢？"张经理眼睛一亮，说："那可太好了！任务分配不合理和沟通不畅正是我们目前面临的两个大问题，经常导致项目进度受阻。"

通过一系列的假设性提问，小王清晰地了解到张经理的潜在痛点和需求，然后针对性地介绍了他所推销的办公软件，详细阐述了如何解决这些问题，最终成功地与张经理达成了合作意向，张经理决定在部门内试用该软件。

【场景解析】

在这个案例中，小王巧妙地运用假设性提问，逐步引导张经理深入思考现有工作流程中的问题和潜在需求。他先是针对张经理工作中的关键环节——项目进度管理和报告生成，提出一个假设情境，让张经理在脑海中构建出一个理想的工作场景，从而使张经理更容易意识到当前工具的不足和痛点。

接下来，小王通过后续的假设性问题，进一步挖掘出任务分配和沟通协调方面的潜在问题，这些问题可能是张经理之前没有清晰意识到或者没有明确表述出来的。这种提问方式让张经理感受到小王对其工作的深入理解和专业思考，同时也激发了张经理对解决这些问题的渴望。

最后，小王根据张经理的回答，精准地介绍了软件的相应功能和优势，使产品与客户的需求紧密契合，大大提高了销售的成功率。

【金句】

1. 如果我们能解决您目前面临的难题，您觉得会节省多少时间？

2. 假设您使用了我们的产品，您觉得工作效率会有多大提升？

3. 如果您没有及时解决这个问题，未来可能会带来哪些损失？

4. 假设您选择其他方案，您觉得会有什么样的风险？

5. 如果贵公司能获得更大的市场份额，您会如何分配资源？

6. 如果有个健身课程，在家就能跟着专业教练锻炼，还能实时看到效果，您感兴趣吗？

7. 如果有一种智能教育玩具能激发孩子的学习兴趣，您会给孩子买吗？

8. 假设您能拥有无限的预算，您会选择什么样的解决方案？

9. 如果这款产品完全免费，您会选择使用吗？

10. 假设您今天就决定购买，您觉得还有什么需要了解的？

4.引导式提问：循循善诱，精准锁定客户需求

在销售中，仅仅了解客户显性的需求往往是不够的。很多时候，客户的真正需求隐藏在他们话语的背后，需要销售人员通过巧妙的引导式提问深入挖掘。

【经典案例】

李薇是一家高端定制服装店的销售顾问。客户张女士进店选购礼服，她表示想找一件参加晚宴的礼服，对款式和颜色并没有明确的要求。李薇并没有直接推荐款式，而是运用引导式提问，逐步引导张女士明确自身需求。

她首先问："张女士，您参加的是什么类型的晚宴呢？是比较正式的还是轻松休闲的？"

张女士回答："是比较正式的商务晚宴。"

李薇接着问："那您希望在晚宴上展现什么样的形象呢？是优雅大气，还是时尚前卫？"

张女士表示希望展现优雅大气的形象。

李薇继续引导："考虑到晚宴的场合和您希望展现的形象，您觉得什么颜色和款式更能体现您的气质呢？"

通过这些引导式提问，李薇逐步引导张女士明确了她对礼服的具体需求，最终推荐了一款符合她气质和需求的礼服。

【场景解析】

在这个案例中，李薇巧妙地运用引导式提问，逐步引导客户明确自身的需求，而不是直接给出建议。引导式提问帮助她了解客户的潜在需求和偏好，她以此为基础，为客户提供了更具针对性的服务。这不仅提高了销售效率，也提升了客户的满意度。比起直接推荐产品，引导式提问更能体现销售人员的专业性和以客户为中心的服务理念。它建立在对客户需求的深入理解之上，体现了销售人员的洞察力和沟通技巧。

【金句】

1. 如果您需要在预算内选择，最看中哪些功能？

2. 如果这款产品能改进某方面，您最希望是什么？

3. 相比于其他产品，您更看中哪些方面的优势？

4. 您认为这款产品最适合哪些类型的用户？

5. 如果您是经理，会如何使用这款产品？

6. 考虑到实际情况，您觉得哪种方案更适合您？

7. 如果我们能提供更好的售后服务，您觉得应该包含哪些内容？

8. 为了达到您的目标，您觉得还需要哪些辅助工具？

9. 您觉得这款产品在哪些场合使用效果会更好？

10. 如果您今天不购买，您觉得还需要考虑哪些因素？

5. 情境式提问：让客户需求在剧情中自然流露

直接询问客户的需求有时会显得生硬，难以获得深入的答案。情境式提问则是一种更巧妙的沟通技巧，它通过构建具体的场景，引导客户设身处地地进行思考，从而自然而然地流露出其潜在需求和痛点。这种方法能够有效避免客户产生防御心理，有助于营造良好的沟通氛围。

【经典案例】

张敏是一家旅行社的销售顾问，她向一对年轻夫妇推销一个蜜月旅行套餐。这对夫妇对蜜月旅行还没有明确的计划，只表示想出去度个蜜月，但对具体目的地和行程安排并没有明确的想法。

张敏并没有直接询问他们的喜好，而是运用情境式提问，引导他们思考。她首先说："想象一下，你们漫步在浪漫的海滩上，感受着温暖的海风，耳边是轻柔的海浪声，你们彼此依偎，享受着甜蜜的二人世界，这样的场景是不是很美好？"

这对夫妇点头表示赞同。

张敏接着问："如果你们选择去阳光充足的海岛，每天清晨一起在沙滩上散步，傍晚一起欣赏美丽的夕阳，你们觉得这样的蜜月旅行怎么样？"

通过构建一系列浪漫的场景，张敏成功地引导这对夫妇明确了对蜜月旅行的期望，最终成功推荐了一款符合他们需求的旅行套餐。

【场景解析】

在销售中，通过构建具体的场景，可以引发客户的共鸣，并引导他们思考自己的需求。情境式提问避免了直接询问的生硬感，让客户在轻松愉悦的氛围中，自然地流露出自己的想法和需求。这比直接询问更有效率，也更能打动客户。情境式提问的优势在于它能够有效地建立客户与产品之间的联系，让客户更直观地感受到产品的价值。

情境式提问需要销售人员具备丰富的想象力和语言表达能力，并根据客户的实际情况，灵活地构建不同的场景，这样才有助于引导客户思考。需要注意的是，提问时要自然流畅地构建场景，避免过于夸张或不切实际。

【金句】

1. 想象一下，您已经使用了这款产品，工作效率提高了，您会感觉如何？

2. 如果您正在参加一个重要的会议，这款产品能帮您顺利完成演示，您会怎么想？

3. 假设您在旅途中遇到紧急情况，这款产品能为您提供帮助，您会觉得安心吗？

4. 如果您是一位成功的企业家，会如何利用这款产品提升公司的业绩？

5. 如果您是一位艺术家，会如何使用这款产品创作出更好的作品？

6. 设想一下，您下班回家后使用这款产品放松身心，会感觉轻松愉快吗？

7. 如果您需要在短时间内完成一项重要任务，使用这款产品能帮您节约时间，您会考虑使用吗？

8. 假设您是家庭主妇，这款产品能帮您减轻家务负担，您会感到高兴吗？

9. 如果您是学生，这款产品能帮助您提高学习效率，您会觉得方便吗？

10. 试想一下，您在生日那天收到这款产品作为礼物，会有什么样的感受？

6. 拓展式提问：环环相扣，引导客户深入思考

拓展式提问如同抽丝剥茧，通过一系列环环相扣的问题，引导客户层层深入地思考，挖掘其深层次的需求和潜在的痛点。这种方法不仅能帮助销售人员更全面地了解客户，还能建立更深入的客户关系，最终提升销售转化率。

【经典案例】

赵明是一家智能家居公司的销售代表。一次，一位客户初步表达了对智能家居的兴趣，但对具体功能和价格较为犹豫。赵明没有直接介绍产品，而是运用拓展式提问，逐步引导客户思考其深层需求。

比如，他会问："王先生，您觉得目前家里哪些方面最需要改进？"

客户说："灯光控制比较麻烦，有时候忘记关灯了。"

赵明接着问："如果能通过手机远程控制灯光，并且设置定时开关灯的功能，您觉得方便吗？"

王先生表示很方便。

赵明继续追问："除了灯光，您觉得还有其他家居设备需要智能化控制吗？比如窗帘、空调等？"

通过这些环环相扣的问题，赵明逐步引导王先生思考更多智能家居的应用场景，最终成功地向王先生推销了整套智能家居系统。

【场景解析】

在这个案例中，赵明从客户的初始需求出发，层层深入，引导客户思考更多可能性，并最终挖掘出其深层需求。由此可见，拓展式提问并非简单的问答，而是建立在对客户需求的逐步了解基础上，环环相扣、逐步深入地提出一系列问题。

当然，不是每个销售人员都善于拓展式提问，它需要销售人员具备良好的倾听能力和缜密的逻辑思维能力。销售人员需要仔细聆听客户的回答，并根据客户的回答，灵活地调整接下来的提问，才能更好地引导客户层层深入地思考。同时，要注意提问的节奏和语气，避免过于咄咄逼人，以免适得其反。

【金句】

1. 您刚才提到……，除了这个方面，您还有其他方面的顾虑吗？

2. 您觉得我们刚刚讨论的方案有什么不足之处？还有哪些改进空间？

3. 如果您选择 A 方案，您认为会带来哪些潜在的风险？

4. 除了关注功能之外，您还希望这款产品具备哪些其他功能？

5. 您认为 B 方案的优势在哪里？与其他方案相比，它有什么不同？

6. 您提到……这个痛点，您之前尝试过哪些解决方法？效果如何？

7. 如果我们能提供……附加服务，您觉得会对您更有帮助吗？

8. 您预计这个项目会在多长时间内完成？这会对您有什么影响？

9. 除了刚才您说的这个目标，您在未来还有哪些计划？

10. 您觉得这个方案最适合哪类人群？您自己属于哪一类人群呢？

7. 比较式提问：剖析客户的偏好"密码"

比较式提问，即通过引导客户比较不同方案的优劣，能够有效地帮助销售人员了解客户的真实需求和潜在偏好，最终促成交易。这种方法能够帮助销售人员更精准地定位客户需求，并提供更具针对性的解决方案。

【经典案例】

赵婧是一家汽车公司的销售顾问，她向客户李先生推销两款不同价位的 SUV 车型。李先生对这两款车都比较感兴趣，但难以做出最终决定。赵婧并没有直接推荐其中一款，而是运用比较式提问，引导李先生进行比较分析。她先是问："李先生，您觉得这两款车在外观设计上，哪一款更符合您的审美？"李先生表示更喜欢其中一款外观更时尚的汽车。赵婧接着问："这两款车在动力性能和燃油经济性方面，您更看重哪一方面？"李先生表示更注重燃油经济性。通过一系列的比较式提问，赵婧逐步了解了李先生的偏好，最终成功地推荐了一款兼顾外观和燃油经济性的车型。

【场景解析】

比较式提问并非简单的问答，而是通过引导客户进行对比分析，帮助客户更好地理解不同方案的优劣，最终做出更明智的选择。这比直接推荐更有效，也更能赢得客户的信任。比较式提问的优势在于它能够帮助销售人员更精准地定位客户需求，并提供更具针对性的解决方案。在上述销售场景中，赵婧引导李先生对两款车型进行多维度比较，从而清晰地展现出李先生的偏好。

需要注意的是，比较式提问需要销售人员具有一定的逻辑思维能力和沟通技巧。销售人员需要根据客户的实际情况，灵活地调整提问策略，才能更好地引导客户进行比较分析。同时，要注意提问的技巧，避免过于强势或明显具有引导性。

【金句】

1. 您觉得 A 方案和 B 方案相比，哪个更符合您的预算？

2. A 产品和 B 产品的功能各有不同，您更看重哪方面的功能？

3. 您觉得 A 方案的优势是什么？ 与 B 方案相比，它有哪些不同？

4. 从长远来看，A 方案和 B 方案哪个更划算？

5. 如果只考虑 ××× 这个因素，您会选择哪个方案？

6. A 方案和 B 方案的售后服务有什么区别？ 您更倾向于哪种服务？

7. 您觉得 A 品牌和 B 品牌相比，哪个更值得信赖？

8. A 方案的风险是什么？ 与 B 方案相比，它的风险高吗？

9. 您更看重产品的性能还是产品的性价比？

10. 如果只能选择一个方案，您会选择哪个？ 为什么？

8. 反馈式提问：捕获客户对产品的真实看法

反馈式提问，即通过提问引导客户表达其使用体验、感受和意见。它是一种重要的客户关系管理工具，能够有效地帮助销售人员捕捉客户的真实心声，从而改进产品和服务，提升客户的满意度和忠诚度。

【经典案例】

王强是一家软件公司的销售经理，他向一家企业客户推销了一套新的客户关系管理（CRM）系统。在系统上线一个月后，王强主动联系客户，了解系统的使用情况。期间，他没有直接询问系统是否好用，而是运用反馈式提问，引导客户表达其真实感受。

例如，他问："请问您在使用过程中，遇到哪些问题或挑战？"

客户反馈说，部分报表的功能还不够完善。

王强又问："如果我们能改进报表功能，您觉得哪些方面需要重点优化？"

客户提出了具体的建议。

通过这些反馈式提问，王强不仅了解了客户遇到的问题，更获得了宝贵的改进建议，为后续产品的迭代升级提供了重要参考。

【场景解析】

反馈式提问并非简单的问答，而是建立在积极倾听和真诚沟通的基础上，引导客户从多个角度表达其感受和意见。这比被动等待客户投诉更有效，也更能展现企业的责任心和客户关怀。反馈式提问的优势在于它能帮助企业及时发现产品和服务的不足之处，并进行改进，从而提升客户满意度和产品竞争力。

【金句】

1. 您觉得这款产品最令您满意的地方是什么？

2. 您在使用过程中，遇到哪些不方便的地方？

3. 如果要改进这款产品，您有什么建议？

4. 您觉得这款产品与其他同类产品相比，有什么优势？

5. 您对我们的服务有什么评价？您觉得我们哪些方面做得比较好？

6. 您觉得这款产品在哪些方面还可以做得更好？

7. 您认为这款产品最适合哪些类型的用户？

8. 您会向您的朋友或同事推荐这款产品吗？为什么？

9. 您觉得这款产品的价格是否合理？您能接受的价格区间是多少？

10. 您还有什么其他问题或意见吗？请尽管提出来。

9.排序式提问：确定客户需求的优先级

客户的需求往往是多元化的，并非所有需求都具有相同的优先级。排序式提问，通过引导客户对不同需求进行排序，能够帮助销售人员精准把握客户的侧重点，从而高效地满足客户的核心需求。

【经典案例】

张强是一家健身器材公司的销售代表，他向客户李先生推销一套家庭健身器材。李先生对多种健身器材都感兴趣，包括跑步机、动感单车、哑铃、瑜伽垫等。为了了解李先生的需求优先级，张强并没有直接推荐产品，而是运用排序式提问。

他首先列出了几种常见的家庭健身器材，然后问："李先生，如果您只能选择其中三件，您会选择哪三件？请您按照重要性排序。"

李先生经过考虑后将跑步机排在第一位，因为他想改善心肺功能；其次是哑铃，因为他想增强力量；最后是瑜伽垫，因为他想改善柔韧性。

通过这个排序，张强清晰地了解了李先生的核心需求，并最终成功地向李先生推荐了一套包含跑步机、哑铃和瑜伽垫的组合套餐，满足了李先生的核心需求。此外，张强还根据李先生的排序，推荐了一些针对力量训练和瑜伽练习的辅助产品。

【场景解析】

在上述场景中，张强通过排序式提问引导李先生对不同健身器材的需求进行排列，从而清晰地了解了李先生的核心需求和偏好。这一策略的关键在于，它打破了传统销售中对客户需求的模糊认知，将客户内心的想法以一种明确且有序的方式呈现出来。

同时，这种排序式提问在无形之中增强了李先生的参与感和自主决策意识。他不再被动地接受张强的推销，而是在双方的互动中积极思考自己的需求，并通过排序将其明确化。

【金句】

1. 请您根据重要性，将以下几个功能从高到低排序。

2. 如果您只能选择三个选项，您会选择哪三个？并按优先级排序。

3. 您觉得哪些因素在您的购买决策中最为重要？请按重要性排序。

4. 请您将以下几种方案按照性价比从高到低进行排序。

5. 若给护肤品的保湿、美白、抗皱、修复、控油效果排序，您会怎么排？

6. 买手机看重拍照、性能、续航、屏幕、外观，从最想要到其次，您的顺序是？

7. 考虑孩子的教育机构，在师资、课程、距离、学费、环境等因素中，您优先考虑哪几个？

8. 您最看重产品的哪些特性？请按重要性排序。

9. 您觉得哪些服务对您来说最重要？请按优先级排序。

10. 请您根据预算，将以下几种产品按照优先购买顺序进行排序。

10.探究式提问：深入挖掘客户需求背后的动机

客户表达的需求往往只是表面的，其背后隐藏着更深层次的动机和需求。探究式提问，通过深入挖掘客户需求背后的原因和动机，能够帮助销售人员更精准地了解客户的真实需求，从而提供更具针对性的解决方案，提升客户满意度和转化率。

这种方法超越了简单的问答，更注重了解客户的思维模式和决策过程，从而建立更有效的沟通和信任。

【经典案例】

杨君是一家高端定制家具公司的销售顾问。客户王女士表示想购买一套新的客厅家具，并提到希望家具风格简约现代。杨君运用探究式提问，深入挖掘王女士需求背后的动机，进而给出针对性的方案。

他首先提问："王女士，您提到喜欢简约现代的风格，请问是什么原因让您选择这种风格呢？"

王女士回答说，因为她觉得这种风格更能体现她的生活态度——简洁舒适。

杨君接着问："除了风格，您对客厅家具还有什么其他的期望呢？例如，您希望它能给您的客厅带来什么样的感觉？"

王女士表示，她希望客厅能营造出一种温馨舒适、轻松自在的氛围，方便家人、朋友聚会。

通过一系列的探究式提问，杨君了解到王女士不仅仅追求简约现代的风格，更重要的是希望家具能够营造一种特定的家庭氛围。

最终，杨君根据王女士的需求，推荐了一套既符合简约现代风格，又能够营造温馨舒适氛围的高端定制家具，并促成了交易。

【场景解析】

杨君运用探究式提问，深入挖掘出王女士需求背后的动机——营造温馨舒适的家庭氛围。这使得他能够更精准地把握客户的需求，提供更符合客户期望的解决方案。

从更广泛的范围来看，探究式提问能够帮助销售人员突破常规销售的局限，建立起与客户的深度情感连接，增强客户对销售人员的信任度，从而显著提升销售成功的概率，同时也有助于树立良好的品牌口碑。

【金句】

1. 是什么原因让您选择这款产品？

2. 您希望这款产品能为您解决什么问题？

3. 您对这款产品的哪些方面比较关注？

4. 您使用过类似的产品吗？您对之前的使用有什么感受？

5. 除了这个功能，您还有其他需求吗？

6. 您理想中的产品是什么样的？

7. 是什么促使您考虑购买这款产品？

8. 您觉得这款产品对您有什么益处？

9. 您对这款产品的价格有什么考虑？

10. 除了价格与售后，您还有其他顾虑吗？

第四章
产品介绍：句句有理有据有逻辑

只有将产品的特点、优势与客户的需求紧密相连，编织出一张逻辑严密、条理清晰的信息网，并以理性的分析打动客户的心弦，让每一句介绍都成为引导客户做出购买决策的有力指引，才能让产品不再只是货架上的陈列品，而成为客户心中梦寐以求的解决方案。

1. 突出卖点：简洁明了地展现产品优势

在竞争激烈的市场中，简洁明了地展现产品优势，迅速吸引客户注意力，是销售成功的关键。当然，突出卖点，并非简单罗列产品的功能，还要抓住客户最关心的痛点和需求，精准传达产品能够带来的价值，从而激发客户的购买兴趣。

【经典案例】

小张是一家智能家居公司的销售人员，他向一对年轻夫妇推销一款智能音箱。这套音箱不仅具备播放音乐、语音控制等基本功能，还拥有先进的噪声消除技术和高保真音质，更重要的是，它可以与其他智能家居设备联动，实现全屋智能控制。

在介绍产品时，小张重点抓住这对年轻夫妇关注的痛点——生活节奏快，希望家居生活更便捷舒适。因此，他这样说："这款智能音箱能帮您轻松控制家里的灯光、空调等设备，让您下班回家后就能享受到舒适的环境，节省宝贵的时间。"

接着，他又强调了音箱的高保真音质和噪声消除功能，说："忙碌了一天，回到家只想好好放松一下，这款音箱的高品质音质能给您带来沉浸式的听觉享受，而噪声消除功能则保证您在任何时候都能享受到宁静的氛围。"

最后，他还展示了音箱与其他智能家居设备联动的功能，并演示了如何通过语音控制实现全屋智能。通过突出这些关键卖点，小张成功地打动了这对年轻夫妇。

【场景解析】

在上述场景中，小张没有进行冗长的全功能介绍，而是精准地抓住了这对年轻夫妇的需求痛点——便捷舒适的生活和高品质的娱乐体验，并围绕这些痛点，简洁明了地突出了智能音箱的关键卖点，让客户快速理解产品的价值。这比泛泛而谈更有效，也更能提升销售效率。

当然，突出卖点就要求销售人员深入理解产品和客户需求，并且能够精准表达。

【金句】

1. 这面膜富含珍稀植物精粹，一片补水效果顶普通的三片，让您的肌肤时刻水润，美出新高度！

2. 这台笔记本电脑处理器性能超强，运行大型软件秒开，办公娱乐超流畅，效率大大提升！

3. 这款口红显色持久，一抹即显气质，喝水吃饭不掉色，轻松打造迷人唇妆一整天！

4. 这是新款智能门锁，有多种开锁方式，可实现 0.5 秒快速识别，安全便捷，给您的家全方位守护！

5. 这双运动鞋采用顶级透气面料，脚感舒适，运动时清爽不闷脚，畅跑无压力！

6. 这款空气净化器 CADR 值高达 500 立方米每小时，能够高效净化空气，快速去除甲醛，让您时刻呼吸好空气！

7. 这款相机镜头光学防抖超厉害，手持拍摄稳稳当当，可瞬间轻松捕捉美景！

8. 这款养生壶智能控温精准，煮茶煮汤营养不流失，能为您的健康加分！

9. 购买它后，您可以成为我们的年度会员，这可是一项超值服务。

10. 这款产品可帮您实现高效办公，为您节省大量时间与金钱成本，性价比超群。

2.功能演示：现场或通过视频展示产品功能

文字描述再精彩，也比不上亲眼所见或亲身体验带来的冲击力强。功能演示，无论是现场操作还是通过视频展示，都是提升销售转化率的有效手段。它能够直观地展现产品的功能和优势，让客户更清晰地了解产品的价值，进而增强对产品的信任度。

【经典案例】

晓文是一家智能扫地机器人店的销售人员，她的主要工作是向一些追求生活品质的年轻顾客推销一款新型扫地机器人。这款机器人不仅拥有强大的清洁能力，还具备自动回充、语音控制、地图规划等多种智能功能。

正式介绍这些功能前，晓文先进行了现场演示。她播放了一段精美的产品宣传视频，展示机器人的外观和基本功能。随后，她拿出实物，演示了机器人的自动清扫、避障、自动回充等功能。在演示过程中，她还特别强调了机器人的噪声控制和清洁效率，并用实际数据进行了对比，例如，清扫相同面积的地板，这款机器人比普通扫地机器人节省了不少时间。

此外，她还通过语音控制演示了机器人的智能化操作，让客户亲身体验产品的便捷性。最后，她还展示了机器人的 APP 操控功能，并讲解如何通过 APP 查看清扫地图、设置清扫计划等。通过现场演示，很多人都向晓文进一步咨询，表现出浓厚的购买意愿。

【场景解析】

在销售现场，结合视频和实物演示，并巧妙地运用数据和对比，可以让客户更直观地感受到产品的价值。仅仅依靠文字描述，客户难以真正理解产品的优势。通过动态的视频展示，产品的功能和使用场景得以生动呈现，仿佛将客户带入到实际体验的情境之中，让抽象的产品特性变得具体可感。而实物演示则为客户提供了亲手触摸、操作和感受产品的机会，增强了客户与产品之间的互动性和亲近感，让客户能够直接体会到产品的材质、工艺及操作的便捷性等优点。

与此同时，精准的数据应用为产品的性能和效果提供了有力的支撑，使客户能够清晰地量化产品的优势，而不再只有模糊的概念认知。

【金句】

1. 接下来，我将为您演示这款产品的核心功能……

2. 您可以看到，它能够轻松应对各种复杂的地形……

3. 您觉得这个功能可以帮助您解决什么问题？

4. 与同类产品相比，它有一个明显的优势，您看……

5. 您是否注意到，它在 ××× 方面使用了创新技术……

6. 您可以亲手操作一下，感受它的便捷性……

7. 这款产品还具备一些人性化的设计……

8. 通过数据对比，我们可以看出它的实际效率远远高于市场上的同类产品。

9. 有任何疑问，请随时提出……

10. 演示完毕，如果您有什么不了解的，都可以提出来。

3. 数据支持：用数据强调产品的效果

随着客户对产品信息获取途径的多样化，客户对销售人员的话语信任度不断降低。为了提高产品的可信度，增强说服力，销售人员需要提供客观、有力的证据来支持产品的宣传。数据支持作为最直接、最有力的证据，能够帮助销售人员说服客户。

【经典案例】

某公司的一位软件销售人员正在向一家电子商务企业的老板推销一款软件。这位老板对市场营销的作用十分怀疑，于是，销售人员拿出一份详细的数据分析报告。报告显示，使用这款软件的企业用户平均每月网站流量会增加15%，在线销售额会增加20%。他解释道，这是因为软件能够精准地分析顾客的浏览行为，从而提供有针对性的营销建议。此外，软件的自动化功能还可以大大减轻销售团队的工作负担，让他们能够集中精力开展高效的营销工作。

同时，销售人员还拿出了一些已使用这款软件的企业用户案例，案例显示这款软件为企业用户的业务增长提供了详细的数据支持。例如，他提到一家服装店在使用这款软件后，三个月销售额就增加了30%，这在很大程度上归功于软件的客流量分析和销售策略优化功能。通过提供这些有力的数据支持，他成功地说服了这位老板，最终促成了交易。

【场景解析】

数据支持并非只是简单地陈述数字，而是要能够通过这些数字讲述故事，展示产品的价值和潜力。要做到这一点，销售人员不仅需要对产品非常熟悉，还需要对市场和客户有深入的了解。只有深刻洞察市场的动态趋势、竞争格局及客户的需求痛点、行为习惯和消费心理，销售人员才能精准筛选出那些具有代表性和说服力的数据，并将其巧妙地融入产品的介绍中。

同时，销售人员要能够从多个维度解读数据，将冰冷的数字转化为客户能够切实感知的实际利益，例如，更高的效率意味着能获取更多收益或拥有更多休闲时间，更低的能耗则等同于实现长期的成本节省等，进而成功地用数据编织出能够吸引客户、打动客户的精彩故事。

【金句】

1. 研究显示，我们的产品用户平均每月收入增加 15%。

2. 根据跟踪调查发现，90% 的客户在使用我们的产品后⋯⋯

3. 在过去的一年里，我们的客户使用产品后平均成本减少了 20%。

4. 我们的数据证明，这款产品至少能够将销售效率提高 30%。

5. 在一项比较权威的对比实验中，我们的产品比同类产品节能 20%、增效 50%。

6. 客户的反馈数据显示，我们的产品使客户满意度平均提高了 25%。

7. 通过这个图表，您可以看到我们的产品在未来几年的增长趋势。

8. 我们对客户的销售额进行了跟踪，发现平均每季度增长 10%。

9. 这些权威机构的调查数据支持我们的产品，证明其能为您的业务带来可衡量的提升。

10. 根据我们的客户案例，您可以看到产品在实际使用中的效果更为明显。

4. 对比分析：突出产品与竞争对手的差异

在当下的市场环境中，客户面临着众多的产品选择。如何让自家产品在众多竞品中崭露头角，赢得客户的青睐？对比分析是一种行之有效的销售策略。通过清晰地展示产品与竞争对手的差异，凸显自身优势，能够帮助客户快速、准确地认识到产品的独特价值，从而做出购买决策。

【经典案例】

某环保涂料公司的销售员小陈向一家装修公司推销新型环保涂料。装修公司老板对涂料的环保性能、质量和价格都非常关注，同时也在考虑其他几个知名品牌的涂料。

小陈首先询问了对方对其他品牌涂料的了解情况，然后微笑着说："李先生，我非常理解您在选择涂料时的谨慎。您看，现在市场上很多涂料都自称环保，但实际上真正能达到国家标准的却不多。我们公司的这款涂料，经过权威机构检测，甲醛含量比国家标准低50%，而您之前提到的××品牌，其甲醛含量才刚达到国家标准线。这意味着我们的涂料能为您和您的客户创造更加健康、安全的居住环境。"

接着，小陈拿起一块涂有自家涂料的样板和一块竞品涂料的样板，说："您再看看这两块样板的对比，我们的涂料涂刷后的平整度和光泽度均明显优于竞品。这是因为我们采用了独特的纳米级配方技术，该技术使涂料的颗粒更加细腻均匀，不仅美观，而且耐久性更好。您看，这竞品的样板在经过一段时间的擦拭后，已经出现了一些细微的划痕和褪色，而我们的样板依然完好无损，这就为您节省了未来重新涂刷的成本和时间。"

小陈又拿出价格清单，说："在价格方面，虽然我们的涂料在品质上远超其他品牌，但价格却只比××品牌高出10%。您想想，您只要多花这一点钱，就能买到更加环保、质量更好、使用寿命更长的涂料，是不是非常划算呢？而且，我们还提供免费上门调色和施工指导服务，这是其他品牌所没有的，能让您的装修过程更加省心省力。"

客户被小陈详细而专业的对比分析所打动，最终决定选择小陈公司的环保涂料。

【场景解析】

在上述场景中，小陈先是抓住了客户最关心的环保性能这一关键卖点，进而通过具体的数据对比，直观地展示了自家涂料在甲醛含量上的巨大优势，引起了客户的高度关注和浓厚兴趣。

在展示产品质量时，他通过样板对比，让客户直观看到自家涂料在平整度、光泽度和耐久性上的卓越表现，这种直观的视觉冲击远比单纯的口头描述更具说服力，进一步强化了产品在质量上的优势。在价格和服务方面，他巧妙地进行了对比阐释。虽然价格略高于竞品，但他向客户强调品质的提升和额外的服务，让客户觉得物有所值，甚至是物超所值。

这种全面、客观且有针对性的对比分析，让客户在综合考虑后，认为选择小陈推荐的产品才是最明智的决策。

【金句】

1. 与同类产品相比，我们的产品在效率方面有明显优势。

2. 观察一下，这款产品的设计更现代化和人性化。

3. 通过对比，您会发现我们的产品更节能且更环保。

4. 从客户的反馈来看，我们的产品明显更具有实用性和耐用性。

5. 这款产品的新功能是几个主要竞争对手所不具备的。

6. 此款护眼灯无频闪，显色指数高达95，护眼又真实，是同价位其他品牌比不了的。

7. 这款空气炸锅脱脂率高达30%，操作简单，功能齐全，且价格亲民，市场上几乎没有竞争对手。

8. 在价格方面，我们的优惠政策明显更有竞争力。

9. 只需要进行简单的比较，您就能看到这两种产品在质量方面的差距。

10. 我们提供的售后服务更全面、更及时，而且好评率行业第一。

5. 利益导向：将产品优势转化为客户利益

优秀的销售会深入探究客户的生活场景与痛点，挖掘出客户未被满足的需求，从而在推销的时候精准地将产品优势与客户利益相结合，让客户切实感受到购买产品所带来的价值。

【经典案例】

某公司研发了一款新型智能空气净化器。这款净化器采用先进的多层滤网技术，能够高效去除空气中的 PM2.5、甲醛、细菌等多种污染物。同时，它还具备智能感应功能，可根据室内空气质量自动调节净化模式，并且运行时噪声极低，能耗也比同类型产品低很多。

在一次家居展销会上，该公司的销售经理遇到了一对年轻的夫妇。他们刚刚装修完新房，正为室内空气质量问题担忧，尤其是甲醛超标对健康造成的潜在威胁，这让他们十分困扰。此外，妻子对噪声比较敏感，希望能找到一款安静的空气净化器，同时也考虑到长期使用的能耗成本。

销售经理热情地向他们介绍了这款智能空气净化器。他先是讲解了新房装修后甲醛污染的危害，接着详细介绍了产品的多层滤网技术，强调它能够深度净化空气，有效去除甲醛，保护家人的健康。对于那位太太关心的噪声问题，他现场演示了净化器在不同模式下的运行声音，展示了其极低的噪声水平。在提到能耗时，他拿出了产品的能耗对比数据，清晰地呈现出这款净化器的节能优势，表明其能够为客户长期使用节省不少费用。很快，这对夫妇就下了订单。

【场景解析】

特别是在今天，产品的同质化现象愈发严重，仅仅依靠产品本身的特性吸引客户已远远不够。客户在面对琳琅满目的商品和服务时，更为关注这些产品或服务能为自己带来何种切实的利益和价值。

在上述场景中，那位经理成功地将产品优势转化为客户关心的利益点。这也是他能让客户快速下单的关键。在销售过程中，他并没有单纯地罗列产品的各项优势，如先进的技术、优质的材料或独特的设计等，而是深入地了解客户所处的情境和面临的问题，从而精准地将产品优势与客户的实际利益紧密相连。

【金句】

1. 咱们这款产品的 ××× 优势，能解决您 ××× 的烦恼。

2. 产品的 ××× 功能超贴心，专为您这样追求舒适生活的人打造。

3. 好多客户用了咱产品的 ××× 后，都说 ××××××××××。您也试试，亲自感受一下变化。

4. 这款产品的 ××× 技术，经 ××× 专业机构认证，在各种环境下都能确保您的设备正常运转，品质远超同类产品。

5. 选择我们的产品，能让孩子的学习效率快速提升，而且现在还有优惠活动。

6. 这款产品能耗非常低，一年下来能帮您省不少电费呢。

7. 姐，这款智能电饭煲的内胆采用不粘涂层，煮饭不煳锅，清洗超方便，以后您做完饭再也不用费力刷锅了！

8. 这款护肤品含有独特的修复因子，能快速修复肌肤屏障，让您的皮肤即使在干燥的季节也能保持水润光滑。

9. 这款婴儿车的一键折叠设计超方便，单手就能轻松收纳放入后备箱，带娃出行毫无压力。

10. 这款智能家居系统的远程操控功能超实用，您在下班路上就能提前打开家里的空调、热水器，回到家就能享受舒适的居家环境。

6.体验分享：传达用户使用产品的美好体验

如今，消费者在购买产品时不再仅仅关注产品的功能和价格，而是越来越重视其他用户的使用体验。通过真实、生动地传达这些体验，能够在销售过程中建立起与客户的信任桥梁，激发他们的购买欲望。

【经典案例】

某公司研发了一款智能宠物喂食器，其目标客户群体为都市年轻宠物主人。这款喂食器完美契合了当代年轻人快节奏的生活方式，满足其借助科技贴心照顾宠物的需求。它具备精准的喂食控制能力，能依据宠物的体型大小、年龄阶段及日常运动量，精确计算并自动调整喂食量，确保宠物饮食健康合理，有效避免宠物被过度喂食或营养不足的问题。

该喂食器内置高清摄像头，让忙碌的主人无论身处何地，只需打开手机APP，就能随时随地远程查看宠物的进食状况，不错过宠物的每一个可爱瞬间。它还具有独特的语音互动功能，让主人可以随时和宠物"交流"，即便不在家，宠物也能听到主人熟悉的声音，感受到主人的关爱与陪伴，极大地缓解了宠物的分离焦虑，也让主人更加安心、放心。

在一些网上社区，公司选择了一些用户进行免费体验，并让他们分享使用心得。一些年轻的宠物主人使用后都表示，这款神器就像他们的得力小助手，让养宠生活变得轻松又愉悦。还有用户说："自从用了这款喂食器，即使加班到很晚，也能随时看到宝贝吃饭，工作更安心了。"这些真实的体验分享，让更多都市年轻宠物主人看到了该喂食器带来的便捷与安心，也吸引着他们选购这款贴心的产品。

【场景解析】

在产品销售中，精准定位目标客户群体的需求，并有效传达用户使用产品的美好体验至关重要。这款智能宠物喂食器瞄准都市年轻宠物主人，深知他们快节奏生活下照料宠物有诸多困扰，通过产品特性成功解决了他们的痛点，为他们带来了良好的用户体验。

成功分享体验的关键在于真实性和共鸣性。并非所有用户都能像案例中的宠物博主那样具备专业的分享能力，但销售人员可以通过收集用户评价、制作用户视频、举办线下体验活动、打造用户社群等方式，提升体验分享的效果。

【金句】

1. 很多用户像您一样，一开始也担心……但使用后却发现……

2. 让我分享一个真实的用户故事，看看他是如何使用我们的产品解决问题的。

3. 您可以看看这个视频，一位用户分享了使用产品的全过程，非常生动。

4. 您知道吗？很多用户都给我们的产品五星好评，而且……

5. 这款产品不仅用户体验好，它更能带给您……

6. 您可以去官网平台看看其他用户是怎么评价这款产品的，这些评价都是真实的，无法篡改。

7. 您可以想象一下，使用我们的产品后，您的生活将会发生怎样的改变。

8. 您看这位客户，在使用我们产品之前……在用过我们的产品后，情况大不一样！

9. 我们的产品已经帮助了很多像您这样的客户，比如这位客户以前……自从用了我们的产品后……

10. 之前有个客户跟您的情况特别相似，他抱着试试看的心态用了我们的产品，结果被产品惊艳到了。

7. 故事讲述：增加产品的趣味性和吸引力

在销售中，要想快速抓住消费者的心，除了强调产品的功能和优势之外，讲述精彩的故事无疑是一种极具魅力的方式。故事能够赋予产品生命和情感，将冰冷的商品转化为客户心中有温度、有情怀的存在，从而极大地增加产品的趣味性和吸引力。

【经典案例】

一天，一位女士走进一家美容店。美容师微笑着说："姐，看您这气质，您肯定是上班族吧？您的肤质不错，但忙起来是不是疏于保养啦？"

顾客笑着说："是啊，没时间。"

美容师说："姐，之前有个开服装店的客户，忙得进货、算账全包。她第一次来时，我给她做完美容，效果特好，可隔半月再来，她的皮肤又油了。我跟她说美容得坚持疗程，她只说店里走不开。"

顾客点了点头："做生意是忙。"

美容师拿起一套护肤套盒，说道："我推荐她的这款护肤套装，在家就能用，睡前用能持续滋润肌肤，下次来店里做美容效果会更好。不然像她之前那样，十天半月才来一次，效果不持久，根本没法改善皮肤。"

顾客接过套装，看了看，问："真这么好？"

美容师自信地说："当然！她现在一直用，还坚持来店里做美容，三十出头看着像小姑娘，皮肤可好啦！姐，您试试，包您满意！"

【场景解析】

人都有一种共性，就是会下意识地在故事里寻觅自己的影子。一旦发现故事中的角色与自己的境遇如出一辙，内心便会泛起波澜，认同感与信任感油然而生。

以美容行业为例，当美容师面对忙碌的上班族顾客时，与其滔滔不绝地罗列产品功效，不如娓娓道来一个似曾相识的故事。这种强烈的代入感，能让顾客深刻体会到产品并非遥不可及的冰冷物件，而是消除自身困扰的温暖曙光。她们开始想象自己也能如故事中的主角一般，在忙碌的生活缝隙中轻松呵护肌肤，重焕光彩。如此一来，销售便不再是一场艰难的说服战，而是一次心灵相通的美好邂逅，成功的彼岸也就在眼前清晰可见。

【金句】

1. 之前有个跟您一样的职场精英，她忙得连轴转，皮肤越来越差。用了我们这款面霜后，两周就大变样，现在光彩照人。

2. 有位健身达人之前总觉得肌肉酸痛。自从用了我们这款按摩油，他浑身变得轻松多了。

3. 有位老师每天用嗓过度，嗓子又干又疼。自从喝了我们的润喉茶后，嗓子舒服多了。

4. 某游戏主播长时间对着电脑，眼睛干涩难受。试用过我们的护眼贴后，效果显著，已经来复购三次了！

5. 我以前满脸油光，还长痘痘，前不久试用了这款洁面乳后，您看，现在皮肤变得清爽干净多了。

6. 有一位导游整天在外奔波，皮肤被晒黑晒伤了。用了我们的防晒霜后，防晒效果超棒，皮肤又恢复了白皙。

7. 不少学生学习压力大，总觉得记忆力不好。他们服用了我们的补脑液后，不仅背书快了，成绩也提高了！

8. 有一位美食博主，吃遍各种美食，肠胃负担很重，自从喝了我们的×××，消化顺畅多了。

9. 之前，我每天打扫卫生累得腰酸背痛。后来，我买了这款无线吸尘器，不但能轻松搞定家务，还有时间追剧。

10. 有些老人总是抱怨关节疼，走路不利索。他们坚持服用我们的×××一段时间后，又能像往日一样在广场上活动自如，充满活力了。

8. 案例佐证：用成功案例提升说服力

基于真实案例的销售方式，不仅有效降低了客户对产品效果的不确定性感知，还极大地增强了客户对产品的信任度和购买意愿。它跨越了理论与实践之间的鸿沟，以一种生动、可信的方式，将产品的优势和潜力直观地展现在客户面前。

【经典案例】

一次，某软件公司的销售团队拜访了一家大型电商企业。这家电商企业近期遭受了一次严重的数据泄露事件，导致客户信息和交易数据被盗，造成了巨大的经济损失和声誉损害。销售团队并没有直接介绍"数据卫士"的产品功能，而是分享了一个案例：一家与他们规模相似的电商企业，在部署了"数据卫士"系统后，成功抵御了多次网络攻击，有效保护了企业的数据安全，避免了巨大的经济损失。

他们详细介绍了该企业的具体情况、面临的挑战，以及"数据卫士"是如何帮助他们解决问题的，并提供了量化的数据支持，例如攻击次数减少了多少，数据安全等级提升了多少等。这个真实有效的案例，最终打动了这家电商企业，促成了合作。

【场景解析】

在销售中，引用成功的案例可以极大地提升客户的信任度。特别是通过分享与潜在客户规模相似、所处行业相同且面临类似问题的企业案例，能够让客户迅速产生共鸣和代入感。详细阐述该企业所遭遇的具体挑战，使客户深刻认识到自身问题的普遍性和严重性，进而更加关注解决方案的可行性。

在上述场景中，销售团队在介绍"数据卫士"如何助力案例企业解决问题的过程中，为客户清晰地勾勒出产品的实际应用路径和效果呈现方式，让抽象的产品功能变得具体可感。提供量化的数据支持，如攻击次数的显著减少和数据安全等级的大幅提升，更是给客户提供了直观、有力的决策依据，使其能够精准地衡量产品的价值和效益。

【金句】

1. 在我们服务的众多客户中，有一家公司……

2. 这家公司面临的挑战与你们当下的情况非常相似……

3.他们曾经尝试过多种方案，但都未能解决问题，直到我们……

4.我们可以提供这家公司的联系方式，您可以进一步了解……

5.×××连锁餐厅之前也被食材供应链混乱的问题困扰，自从用了我们的智能供应链管理系统，食材损耗率降低了30%，出餐效率提升了40%，现在生意非常红火。

6.××××这个品牌您知道吧，初期，它推广艰难，自从用了我们的营销服务，粉丝量暴增了100倍。

7.××公司用了我们的物流跟踪软件后，信息准确率达到了98%，客户满意度直线上升。

8.有位朋友开民宿，之前客房预订管理一团糟。用了我们的民宿管理软件后，订单处理效率提高了5倍。

9.××连锁店的客户复购率低，采用我们的××方案后，复购率提高了80%，利润翻番。

10.×××店之前客户回访不及时，客户流失严重。用了我们的客户关系管理系统后，客户回访率达到了90%，客户转介绍率提升了45%。

9.场景还原：描绘产品在现实场景中的表现

成功的销售需要将产品置于真实的应用场景中，用生动的语言和细节描写，还原产品在现实生活中的表现，让客户感受到产品的价值和实用性，从而提升购买意愿。

【经典案例】

刘毅是一位汽车销售顾问。一天，年轻的上班族李女士来到店里，想要购买一辆代步车，但对选择哪款车型犹豫不决。

刘毅了解到她每天的通勤路程较远，且经常加班到很晚，周末还会和朋友去周边自驾游。于是，他推荐了一款新能源汽车，并介绍说："李女士，您看，像您每天早上着急去上班，这款车的智能远程操控功能就能派上大用场。您可以在出门前通过手机APP提前打开车里的空调，这样您一上车就能享受舒适的温度。下班后，即使您加班到很晚，在昏暗的停车场，您也可以利用车辆的自动大灯和高灵敏度的倒车影像，轻松看清周围环境，安全倒车。到了周末，您和朋友去自驾游，它拥有长续航能力和宽敞的后备箱空间，完全不用担心电量和行李放置问题，让您尽情享受旅途的快乐。"

李女士听着小刘的描述，脑海中浮现出这些日常场景，仿佛已经在使用这辆车，对它的实用性有了更真切的感受，最终决定购买这款新能源汽车。

【场景解析】

在这个销售场景中，刘毅精准地把握了李女士作为上班族及自驾游爱好者的需求，巧妙运用场景还原话术成功促成交易。通过将汽车的各项功能融入李女士日常通勤、加班及周末出游的具体情境中，让抽象的汽车性能变得鲜活生动，使李女士能够直观地想象到自己在这些场景下使用该车辆的便利性和舒适性，进而引发情感共鸣。这种表达策略有效缩短了产品与消费者之间的距离，增强了产品对消费者的吸引力和说服力，最终促使李女士做出购买决策。这一案例充分彰显了场景还原话术在销售过程中所起到的关键作用和巨大价值。

【金句】

1. 对于像您这样喜欢熬夜追剧、眼睛容易疲劳的人来说，这款护眼灯无频闪，光线柔和，超级护眼。长时间追剧也不会感到眼睛疲劳，快带它回家吧！

2. 您常出差赶高铁吧？这款轻便行李箱的万向轮超顺滑，轻松快跑不费劲，让您出差旅途更从容！

3. 像冬天怕冷的老人，以前晚上睡觉总是手脚冰凉。自从用了我们的石墨烯发热床垫，每晚都能温暖舒适地入睡，睡眠质量都提高了。

4. 想象一下，您忙碌了一天回到家，想要给孩子做顿营养丰富的晚餐……这款智能集成灶，各种烹饪模式只需一键操作，就能轻松助您快速做出美味佳肴。

5. 您是不是也经常为电子设备的电量问题而烦恼呢？这款太阳能充电背包，在户外随时能为您的设备充电，让您拍摄无忧。

6. 当您开车长途跋涉时，这款舒适的汽车颈枕能够支撑颈部，缓解疲劳，让您一路轻松！

7. 想象一下，您结束一天的工作，疲惫地回到家里，躺在我们的按摩椅上，全身放松，压力瞬间消散，是不是很惬意？

8. 假如您爱喝茶，那么一定要试试这款智能煮茶器。它精准控温，让每一杯茶都茶香四溢，您可以尽情品味悠闲时光！

9. 喜欢音乐的您，使用这款高音质蓝牙音箱，让房间瞬间变成音乐会现场。

10. 每次清除厨房油渍是不是很麻烦？累不说，还时常清理不干净。使用这款强力去污剂，只要一喷一擦，灶台立马干净锃亮。

10. 趋势引领：强调产品符合行业发展潮流

每一次科技的飞跃、消费观念的更迭，都如汹涌浪潮般重塑市场格局。如今，产品已不仅是功能的集合，更是时代趋势的折射。在销售中，销售人员要学会将产品的特性与优势巧妙融合于行业发展的大趋势之中，以富有前瞻性的视角和极具感染力的话语，向客户呈现出产品独特的魅力与价值。

【经典案例】

传统燃油车车主王女士近期有换车的打算，她在多个汽车品牌之间犹豫不决。××汽车的销售顾问赵昕接待了王女士。

他先是与对方聊起汽车行业的发展趋势："王女士，您看现在全球都在倡导环保和可持续发展，汽车行业也不例外。新能源汽车是未来的大趋势，越来越多的国家和地区都在出台政策鼓励新能源汽车的发展，传统燃油车的使用限制也越来越多。而且，随着技术的不断进步，新能源汽车的续航里程、充电速度和安全性都有了质的飞跃。"

随后，他以××汽车为例，向王女士介绍："我们的××汽车就是一款完全符合行业发展潮流的电动汽车。它采用最先进的电池技术，续航里程能够轻松满足您日常通勤和偶尔的长途出行需求。而且，××汽车拥有全球领先的超级充电网络，充电速度比其他品牌快很多，让您不再有里程焦虑。"

"再看看我们的智能驾驶辅助系统，这也是未来汽车发展的关键方向。××汽车配备的Autopilot功能，可以自动辅助导航驾驶、自动变道等，不仅能提升驾驶的安全性，还能让您在长途驾驶中更加轻松惬意。这是传统燃油车很难实现的，因为它们的架构和技术限制了这些智能功能的发展。"

"另外，××汽车不断通过空中升级（OTA）为车辆推送新的功能和性能优化，使爱车就像您的手机一样能够持续更新，让您始终保持最新的技术体验。而传统燃油车一旦出厂，基本就固定了，很难有这样的升级体验。所以，选择××汽车，您不仅仅是买了一辆车，更是选择了一种紧跟时代潮流、充满科技感的出行方式。"

尽管××汽车的价格比一些传统燃油车略高，但考虑到其代表的行业发展方向和长期使用价值，王女士最终决定购买××汽车。

【场景解析】

在这个案例中，赵昕将××汽车的产品优势与汽车行业的发展趋势紧密结合，通过生动且富有感染力的话术向王女士进行传达。比如，他强调环保和可持续发展的大趋势，让王女士认识到新能源汽车广泛普及的必然性，从而在观念上为接受××汽车奠定了基础。针对新能源汽车用户最关心的续航、充电和智能驾驶等方面的情况，他详细阐述了××汽车的技术领先性和对未来趋势的适应性，使王女士直观地感受到购买××汽车能够让她享受到行业前沿的技术和体验。

这种趋势引领的销售话术，不仅突出了产品的独特卖点，还满足了客户对未来出行方式的向往和追求。更重要的是，当销售人员持续向消费者传递产品的趋势性价值时，企业在市场中的形象将逐渐从单纯的产品供应商转变为行业趋势的引领者和创新驱动者，这有助于提升品牌的美誉度和忠诚度。

【金句】

1. 现在各行各业都在向数字化转型，我们这款企业管理软件采用了最先进的云计算和大数据技术……

2. 如今环保意识深入人心，我们的新能源汽车零排放、高性能，续航里程不断突破。

3. 健康养生已经成为当下生活的重要趋势。我们的××××能够实时追踪您的心率、血压、睡眠质量等关键健康数据，并为您提供个性化的健康建议。

4. 在"互联网＋教育"时代，我们的在线教育平台汇聚了全球顶尖的师资力量，课程丰富多样，教学方式生动有趣……

5. 我们的智能仓储物流系统运用了先进的自动化分拣和智能调度技术，能够大幅提高货物的处理速度和准确性，降低物流成本……

6. 现在人们越来越注重个性化的家居装饰。我们的定制家具采用了模块化设计和3D虚拟设计技术……引领家居时尚新潮流。

7. 在人工智能医疗的趋势下，我们的智能医疗诊断设备通过深度学习算法，能够快速、准确地辅助医生进行疾病诊断……

8. 如今，社交媒体营销正热，一旦拥有这款社交媒体营销工具，您便可以对用户进行精准画像、分析，并开展智能推送……

9. 共享经济已经改变了我们的生活方式，我们的共享办公设备平台为创业者和中小企业提供了便捷、高效、低成本的办公设备租赁服务。

10. 我们的5G智能工业机器人实现了更高速、更稳定的远程操控和协同作业……这是工业4.0的核心趋势。

第五章
异议化解："问题"
才是最好的"契机"

客户提出问题，实则是向销售人员敞开了一扇深入沟通、精准营销的大门。故，销售人员要学会巧妙地将解答异议转化为销售的契机，以智慧和策略化解客户的疑虑，让每一个"问题"都成为推动销售进程的强劲引擎。

1. 质疑产品或服务价格太高

客户的价格异议，是销售人员经常面临的挑战之一。当客户质疑产品或服务价格太高时，销售人员要展现出非凡的智慧与耐心，深入剖析价格背后的价值逻辑，运用巧妙的话术和有力的例证引导客户重新审视产品或服务的真正意义，将客户对价格的关注转化为对品质、效益和体验的追求。

【经典案例】

某高端健身俱乐部推出了一款全新的私人定制健身套餐，包含一对一的专业教练指导、个性化的健身计划制定、专属的健身场地使用及营养饮食方案规划等全方位服务，定价为每月3000元。

张女士是一位职场白领，由于长期久坐办公，身体逐渐呈现亚健康状态。她意识到需要进行系统的健身锻炼以改善身体状况。在了解到这家健身俱乐部的套餐后，张女士对其服务内容比较感兴趣，但觉得价格过高。

俱乐部的销售顾问小李接待了张女士。他首先认真倾听了张女士对价格的顾虑，随后详细介绍了套餐中的各项服务细节和独特价值。他说："一对一的专业教练都拥有多年的行业经验和专业认证，能够根据您的身体状况、健身目标和时间安排，为您量身定制最适合的个性化健身计划。"

为了让张女士更直观地感受到套餐的价值，小李还向她展示了其他会员使用后的健身成功案例，如身体指标明显改善、体重合理下降以及精神状态大幅提升等。此外，小李还介绍了俱乐部为会员提供的一些增值服务，如定期举办健康讲座、会员专属社交活动以及免费身体检测等。

经过小李的耐心解答，张女士渐渐觉得这份套餐物有所值，便下了订单。

【场景解析】

在这个案例中，小李得知张女士对价格的看法后，没有急于反驳，而是选择认真倾听。这种倾听的态度为后续的沟通建立了良好的基础。之后，他通过详细阐述套餐的各项服务细节和独特价值，让客户清楚地了解到他们所支付的价格背后蕴含的丰富内容。他将抽象的价格转化为具体的、可感知的服务体验和健康效益，使客户能够更加直观地衡量价格与价值之间的关系。同时，他运用成功案例和增值服务进一步强化了产品的价值感，让客户看到其他会员在使用该套餐后所取得的显著成果，从而增强了对产品效果的信心。

通常，客户质疑价格太高，往往是因为对产品或服务的价值认知不够清晰或者与销售人员存在差异。因此，销售人员的核心任务就是通过有效的沟通和展示，帮助客户重新构建对产品价值的认知。可用的方法有案例分享、数据对比、价值呈现等。

【金句】

1. 您觉得价格有点高，这一点我特别理解。但您看，我们这款产品采用的是顶级的……从长期来看，其实更划算，您说是不是？

2. 为了保证品质，我们严格把控从 ×× 环节到 ×× 环节的流程，成本自然会高一些。但这也意味着您买到的是一款经久耐用、品质卓越的产品，能为您省去很多后顾之忧。

3. 不能只看价格，其实它还包含了 ×××× 和 ××××，以及 ××××× 等一整套解决方案。如果您分开购买，费用可能比我们的套餐价格高出不止一倍。

4. 一分价钱一分货。我们的产品能为您带来 ××××、×××× 和 ×××× 等实实在在的好处。

5. 您现在买的不只是产品本身，还有完善的售后服务。我们会全程跟进每一位客户，您在使用过程中出现任何问题，都可以第一时间联系我们。

6. 我们一直坚持高品质的路线，虽然价格不是最低的，但我们用质量和效果赢得了客户的信任。您选择我们，就是选择放心。

7. 这款产品是限量版的，具有独特的××××，它的收藏价值和稀缺性决定了它的价格。随着时间的推移，它的价值可能会进一步提升。

8. 您不仅是在购买一件产品，更是在投资一种独特的体验和回忆，这可不是用价钱能来衡量的。

9. 您可以货比三家，贵有贵的道理，它独特的工艺和设计，市面上可不好找，它的品质和体验更是一流呀！

10. 虽然价格乍一看高了些，但它质量过硬，用得久，平均下来，每天的花费还是很少的。

2. 对产品质量表示担忧

在当今的市场环境下，产品的质量参差不齐，各类虚假宣传和低质产品的曝光事件频发，使得客户在选购时犹如在迷雾中摸索，如履薄冰，常常担忧产品质量。其实，每一个质疑的背后都潜藏着客户对产品的潜在需求和期待，只要把握得当，就可以将这些看似棘手的担忧转化为一次绝佳的成交契机。

【经典案例】

某新兴手机品牌推出了一款新机，配置高，价格合理，吸引了不少关注。公司的销售代表小何在体验店接待前来咨询的客户时，遇到最多的问题就是："价格很香，就是担心你们这样的小厂生产的手机会不会存在严重的质量问题，再说，售后有保障吗？"

针对这些担忧,小何回应道:"我们的新款手机研发时经过高温、低温、湿度、跌落等一系列严格测试,在各种环境下都能正常使用。而且,零部件都来自知名供应商,有严格的质量把控标准,质量绝对可靠。"

见有人仍心存疑虑,他又说:"我们还有专业机构的评测报告,对性能、稳定性和耐用性评价很高。并且我们售后服务超棒,手机若有质量问题,在一定期限内可免费维修或更换。要不您去体验区亲自试试?"

有用户去体验区试用,在操作时问道:"这拍照功能看着挺复杂,咋用呢?"小何耐心解答:"您看,这有个专门的人像模式,点这里就能拍出背景虚化效果很好的照片……"

一番体验下来,很多用户发现手机运行流畅、拍照出色,加上小何专业且热情的服务,他们对手机的信任度大增,最终爽快地下了单。

【场景解析】

在这个案例中,新兴手机品牌面临消费者因品牌知名度不高而对产品质量和售后保障产生的顾虑。销售代表小何通过一系列有效的措施成功化解了这些问题,并促成了不少订单。

其实,不论销售什么产品,要化解用户对质量的顾虑,首先需做到信息透明化。例如,在案例中,小何详细说明了产品的研发测试过程和零部件来源,让用户深入了解产品的质量根基。权威认证和评测报告是有力的说服工具,能够借助外部公信力提升用户对产品质量的信任度。完善且有诚意的售后服务是关键保障,它能为用户提供安全感,使其在面对可能出现的质量问题时无后顾之忧。此外,提供产品体验机会,并在过程中给予专业的指导和解答,能让用户将对质量的顾虑转化为实际的感知和认可。通过真实的使用体验,用户可以消除内心的疑虑,从而建立起对产品和品牌的信任。

【金句】

1. 我理解您对质量的顾虑,不过我们的产品在出厂前都经过了 × 道严格的质量检测工序，从原材料的筛选到成品的组装，每一个环节都有专人把控，确保您拿到手的是高品质的产品。

2. 您看，我们的产品已经获得了 ×× 质量认证（认证名称），这是行业内权威的质量认证，您完全可以放心使用。

3. 我们一直以来都非常注重产品质量，和很多知名品牌建立了长期的合作关系，这也是对我们产品质量的最大认可。

4. 这款产品采用了先进的生产工艺或技术，性能得到了大幅提升。而且，我们有专业的研发团队，他们会不断对产品进行优化和改进，质量绝对有保障。

5. 如果我们对产品的质量没信心，怎么敢提供 10 年质保？ 要知道，行业的平均质保期仅有 3 年。这足以证明我们的实力。

6. 我们的产品在市场上已经有很多用户了，他们的反馈都非常好，而且还把产品推荐给了身边的朋友。您可以在网上查看一下用户的评价。

7. 我们的生产车间都是按照 ××× 标准建设的，环境干净整洁，设备先进齐全，工人也都经过严格的培训。从生产环境到人员素质，都为产品质量提供了有力的保障。

8. 为了从源头上保证产品的质量，我们选用的原材料都是顶级的，这一点请您放心。

9. 这款产品还经过了特殊的质量检测及 ×××× 实验场景的考验，结果都非常出色，这足以证明它的质量过硬。

10. 我们的品牌一直秉持"质量第一"的理念，在行业内树立了良好的口碑。我们绝不会为了短期利益而牺牲产品质量。

3. 表示用过相关产品，体验不太好

在销售中，客户表示曾用过相关产品但体验不佳的情况并不罕见。这既是挑战，也是销售人员展现专业能力和产品优势的机会。如何扭转客户的负面印象，让他们重新审视并接受新的产品，是销售成功的关键所在。

【经典案例】

如今，各大品牌纷纷推出各具特色的智能手环。晓雪是一位运动爱好者，之前购买了一款知名品牌的智能手环，主要用于记录运动数据和监测睡眠情况。然而，在使用过程中，她发现该手环的计步数据不准确，常常出现步数大幅偏差的情况；睡眠监测功能也很粗糙，无法准确区分浅睡和深睡阶段。而且，手环的表带材质不透气，佩戴起来很不舒服，尤其是在运动出汗后，手腕会感到闷热瘙痒。

一次偶然的机会，她在商场的电子产品专柜看到了某品牌新推出的"×××"智能手环。专柜销售员英英接待了她。当晓雪提及之前使用手环的糟糕体验后，英英微笑着倾听，并表示理解她的困扰。接着，英英详细介绍了这款新智能手环的优势："这款手环采用了最新的高精度传感器，经过专业机构的校准测试，计步精准度能达到行业顶尖水平，误差极小。此外，睡眠监测功能运用了先进的算法，不仅能精准区分睡眠阶段，还能分析睡眠质量并提供个性化的改善建议。"

为了让晓雪更直观地感受产品的优势，英英邀请她现场试用。晓雪试戴后发现，它选用了透气舒适的医用硅胶材质，柔软亲肤。这种材质即使长时间佩戴和运动出汗也不会感到不适，同时还具有防过敏的特性。

与此同时，英英将这款手环与晓雪之前使用的手环进行了数据对比测试。在试用过程中，她还向晓雪展示了手环丰富的功能，如实时心率监测、运动模式识别、久坐提醒及与手机的便捷连接等。这些功能操作简便且反应灵敏。经过一番试用和对比，晓雪发现"×××"智能手环确实在各方面表现出色，数据精准度和佩戴舒适度都远超她之前使用的产品。于是，她果断入手了一个。

【场景解析】

当客户反馈使用过相关产品体验不好时，这反映出市场上同类产品存在的普遍问题以及客户尚未被满足的需求。销售人员若能敏锐地捕捉到这些信息，并将其转化为产品的卖点和优势进行宣传推广，不仅能够成功促成当前的交易，还能在客户群体中树立起专业、贴心的品牌形象。

在上面的场景中，英英就运用了这个方法，成功化解了晓雪因过往不良体验而产生的抵触情绪。例如，她先是给予了晓雪充分的倾听和情感认同，然后通过详细对比，让晓雪清晰地看到自家产品的优势与价值所在。最后，通过现场试用和数据对比测试，完成临门一脚——促成订单。

【金句】

1. 相信很多人都有过这种不愉快的经历，不过我们这款产品在研发时就针对您提到的那些问题进行了重点改进。比如……

2. 确实，那样的产品太让人失望了，但我们的不一样。这款产品就是为了解决这些痛点而设计的。

3. 为了给用户更好的体验，我们的产品在关键性能指标上比其他产品高出不止一个档次。

4. 您之前用的那款可能存在问题，但这种问题绝不会出现在我们的产品设计中。您看，这个（展示产品独特设计部分），它能够×××××，可以避免您说的那种问题。

5. 我知道您对这类产品心存疑虑，不过我们的产品有× 大优势……这些都是同类产品所不具备的。

6. 我们这款产品是由行业内顶尖的专家团队研发的,他们有着丰富的经验和专业的技术,专门攻克了您之前遇到的那些难题。

7. 之前的不愉快体验只是个例,我们的产品已经在市场上获得了××××(具体荣誉或用户好评数据),这说明大多数用户对我们的产品是认可和喜爱的。

8. 这款产品在上市前经过了数次严格的测试,就是为了确保每一个细节都做到极致。就拿×××××(容易出现问题的功能)来说,我们通过……使其性能得到了极大提升,您可以亲身感受一下。

9. 我们非常重视用户的反馈,您提到的问题我们早已注意到了。所以我们在这款产品中加入了×××××(创新功能或改进措施),比如……

10. 我们的产品不仅仅是一个商品,更是一个解决方案。对于您之前遇到的问题,我们会一一解决,并且会为您提供专业的使用指导和售后支持。

4. 称产品不太符合自身需求

当客户直言产品不太符合自身需求时,这并非是销售的终点,而是深入沟通、挖掘潜在契合点的绝佳起点。每一个异议的背后都隐藏着客户内心深处未被充分满足的渴望,以及他们对产品独特使用场景的想象。这时,销售人员需要戴上洞察的眼镜,运用专业的技巧与真诚的态度,巧妙化解这一困境,将客户的"不需要"转化为"离不开"。

【经典案例】

如今,远程办公渐趋常态,视频会议设备需求大幅增长。某科技公司推出一款高清视频会议一体机,功能多样,旨在助力企业开展远程会议。

陈先生是一家小型创意设计公司的老板,他认为该产品不符合公司需求。其设计团队与客户视频沟通时，需要实时手绘草图进行展示，而这款一体机并无针对手绘展示的优化功能。

听到客户的反馈后，销售员并未急于反驳，而是详细询问了陈先生团队的工作细节，了解到设计师使用数位板手绘时，现有软件存在画面延迟与清晰度不足的问题后，他意识到这是一个关键突破口。于是，销售员向陈先生介绍说："虽然这款视频会议一体机本身没有专门针对手绘展示的预设功能，但它具有强大的拓展性和兼容性。通过连接一款特定的信号转换设备，并对视频会议软件进行简单的参数设置优化，就能实现数位板手绘内容的流畅、高清传输。此外，一体机的高清摄像头和优质麦克风还能在展示手绘内容的同时，清晰捕捉设计师的讲解画面和声音，让客户拥有更加身临其境的沟通体验。"

为了让陈先生更加信服，销售员现场演示了整个解决方案的实施过程。随后，他又介绍了智能降噪、多人画面同屏显示等优势。最终，陈先生认可了产品并决定购买，同时对销售员的专业服务称赞有加。

【场景解析】

当客户声称产品不符合自身需求时，往往是因为他们对产品的认知还停留在表面，或者销售人员没有充分了解客户的独特需求场景。这就要求销售人员在销售过程中不仅要介绍产品的通用功能，更要深入探究客户的业务流程、使用场景和个性化需求，将产品的优势与客户的具体情况进行精准匹配和定制化调整。

同时，销售员要持续提升自身的专业知识储备，以便在面对各种复杂的客户需求和异议时，能够迅速找到有效的解决方案，将看似不匹配的产品转化为客户眼中的理想选择，从而赢得更多的销售机会。

【金句】

1. 感谢您反馈的宝贵意见，这将帮助我们更好地改进产品。请问您理想中的产品是什么样的呢？

2. 每个客户的情况都不太一样。为了满足大多数用户的基本需求，我们的产品在设计时就考虑到了可扩展性。比如说，针对您刚刚提到的（需求点），我们可以通过 ×××××× 来实现。

3. 乍一看，这款产品似乎和您的需求不太匹配，但只要您深入了解它的细节，就会发现它完全可以满足您的需求。

4. 在基础功能之上，这款产品还具备很多隐藏的特性。就拿您提到的 ×××× 问题来说，其实可以通过 ××××××× 来解决。

5. 当然了，我们也可以根据您的实际情况，为您量身定制一套解决方案。

6. 我们可以先进行小规模的试用，让您亲身体验产品的实际效果。如果有什么新的需求，我们还可以为您提供个性化的服务。

7. 我理解您的意思，但其实这只是因为您还没有看到它的全部潜力。这款产品虽然看起来不太符合你的需求，但是通过 ×××××，可以完美解决您的问题。

8. 您说得很有道理，其实我们的产品有多种配置方案，也许其中某一种更符合您的需求。

9. 您的需求确实比较特殊，我们会尽力为您提供合适的方案，这一点请您放心。

10. 虽然这款产品可能暂时不符合您的需求，但我们还有其他类似的产品，您可以了解一下。

5. 认为现在不是购买的最佳时机

客户说"现在不是购买的最佳时机"，是一种再常见不过的推脱之词。这并非意味着客户对产品本身缺乏兴趣，反而可能潜藏着多种可能性：如预算有限、时机考量、存在其他优先级事务等。优秀的销售人员不会轻易放弃，而是善于挖掘客户顾虑背后的真正原因，并针对性地提供解决方案。

【经典案例】

周先生是一位年轻的软件工程师，一直对新能源汽车充满兴趣，并在网上做了大量调研，对某品牌的一款 SUV 车型尤为青睐。他联系了该品牌的一位销售顾问，预约了试驾。

试驾后，周先生对汽车的性能和配置非常满意，但最终却表示："这款车确实不错，但我现在刚买房，手头比较紧，想再等一等。"

销售顾问没有就此放弃，而是耐心地询问周先生的购车预算和还款计划。得知他的年收入和家庭支出情况后，销售顾问向他介绍了该品牌提供的多种金融方案，包括低首付、低利率贷款及分期付款等，并详细计算了每种方案的月供和总支出，帮助他量化了购车成本。

同时，销售顾问还强调了新能源汽车的节能环保优势及国家补贴政策，并结合周先生的工作性质，指出这款车可以帮助他节约通勤时间和成本。最终，周先生选择了分期付款方案，成功购买了心仪的汽车。

【场景解析】

上述案例体现了客户"购买时机不对"的常见原因之一：财务压力。然而，这并非唯一的解释。其他可能的原因还包括：等待产品更新换代、关注市场促销活动、家庭重大事件等。销售人员需要认真倾听，深入挖掘客户真正的顾虑，并针对性地提供解决方案。这需要良好的沟通能力和同理心，先理解客户的处境，再提供切实可行的帮助。类似的案例可以拓展到其他行业，例如购买高端家电，投资理财产品等。无论面对哪种类型的客户，销售人员都需要积极主动、灵活应对。

【金句】

1. 我理解您的顾虑，方便告诉我您现在主要考虑哪些因素吗？

2. 我懂您的意思，但市场变幻莫测，我们这优惠可是限时的，早买早享受优惠，还能避开涨价风险，太划算了！

3. 您看，这款产品供不应求，库存已经告急，现在不买，以后可能要等更久，甚至还可能没货，早买迟买都要买，不如早买早享受。

4. 您担心时机不对，可这款产品研发成本正在上升，说不定下周就涨价啦！现在买既能省钱，又能马上使用，何乐而不为呢？

5. 想必您已经观望了一段时间，当下正逢季节交替，需求旺季将至，价格必涨。现在买，价格更实惠。

6. 新产品马上要上线了，现在旧款优惠大放送，性价比超高，现在不买，以后可能真没有机会了。

7. 我们可以先签订意向合同，等您准备好后，再正式签订购买合同。

8. 您说现在不是时候，可活动只剩两天了，错过这次机会就没有了。而且我们有保价协议，您不用担心价格波动。

9. 您担心时机，可竞争对手都在囤货。我们有现货，价格美丽，现在买，抢占先机，快人一步！

10. 我理解您的顾虑，但我们的产品升级服务即将结束，现在买既能免费升级，又能享受更多功能。

6. 质疑产品是否环保

在购买产品时，消费者越来越注重产品的环保属性。面对客户对产品环保性的质疑，销售人员需要清晰地了解产品的环保特性，并能以清晰、简洁、有说服力的方式向客户传达，以赢得客户的信任。即，销售人员要能将环保理念融入销售过程，以提升品牌形象。

【经典案例】

随着电动汽车市场的蓬勃发展，各大品牌不断推出新车型以争夺市场份额。某知名汽车制造商推出了一款新型电动汽车，主打长续航、高性能与智能科技。车展上，赵先生对这款车兴趣浓厚，但对其环保性存疑。他担心电池生产过程中存在污染、回收环节不够环保，还顾虑内饰材料可能会释放有害气体。

销售经理首先赞扬了赵先生的环保意识，接着详细介绍了该车的环保举措。电池采用了新技术，严格控制有害物质的排放，并且与专业的回收机构合作，建立了完善的回收体系。内饰材料符合国际环保标准，生产工艺环保，无有害挥发物。

为了消除赵先生的疑虑，销售经理邀请他参观环保研发实验室与生产车间，并安排技术人员讲解技术细节与流程。经过这次参观和讲解，赵先生认可了该车的环保性，虽然他知道整个行业仍有进步的空间，但该品牌的努力是有成效的，值得信赖。因此，他打算购买这款新车。

【场景解析】

当消费者质疑产品的环保性时，这反映出整个社会对环保问题的关注度不断提高，以及消费者对产品全生命周期环保性能的追求。企业需要在产品研发、生产、销售和回收等各个环节切实贯彻环保理念，加强环保技术创新和管理，确保产品的环保属性经得起市场的检验和消费者的质疑。

销售人员作为企业与消费者之间的桥梁，应不断提升自己的环保知识储备和沟通能力，深入了解产品的环保优势和不足，以坦诚、专业的态度面对消费者的质疑，并能够通过有效的方式，如提供权威的检测报告、展示环保技术成果、邀请实地参观等，化解消费者的疑虑，树立企业的环保形象，促进产品的销售。

【金句】

1.我理解您对环保的关注，我们的产品从原材料采购开始就遵循严格的环保标准，像这种材质是经过××××认证机构认证的可持续材料，生产过程也注重节能减排，您可以放心使用。

2. 您看这环保标识，产品通过了×××环保认证，在行业内处于领先水平。

3. 这款产品的环保技术非常出色！比如×××技术能减少×××排放80%，比同类产品环保很多。

4. 我们和专业的环保机构合作，产品的环保性能绝对有保障，有权威的报告为证。

5. 我们与专业的回收公司合作，建立了完善的产品回收体系，确保产品废弃物得到妥善处理。

6. 我们定期对产品进行环保审核，并不断改进产品设计和生产工艺，以减少对环境的影响。

7. 产品包装均采用环保材料，可降解且无污染。而且产品本身能耗低，符合当下的环保潮流，既实用又环保。

8. 您可以访问我们的官网，查看关于产品环保性能的更详细信息。

9. 这款产品的环保性能有口皆碑，得到了很多环保达人的推荐，在市场上很受欢迎。

10. 除了这款产品，我们还有其他更环保的产品可供选择，您可以根据需求进行选择。

7. 对品牌不熟悉，也不信任

如今，品牌多如繁星，消费者在选择产品或服务时，往往倾向于那些耳熟能详、口碑良好的品牌，而对那些新兴品牌或小众品牌心存疑虑。这时，销售人员要学会成为品牌的"代言人"与"解惑者"。

【经典案例】

王大妈非常注重口腔健康，她一直使用某知名品牌的电动牙刷。最近，她听说某官网正在销售一款新型电动牙刷，价格非常实惠，且号称拥有更先进的技术和更高的清洁效率，但由于对该品牌不熟悉，且网上评价褒贬不一，她有些犹豫。

她问在线销售人员："第一次听到这个品牌，它真如广告说的那么好吗？"

销售人员了解到她的顾虑后，没有正面回答她，而是先向她简要介绍了公司的发展历程、研发团队及核心技术，并强调了产品的专利技术和创新之处。同时，还向她展示了产品的各项测试报告和用户评价，并邀请她去公司体验中心试用产品，感受产品的实际效果。

接着，销售人员说："您可以先买一只试试，如果用得不满意，我们全额退款，这样您也不会有任何损失。"见商家敢做出如此承诺，王大妈决定购买两支。

【场景解析】

上述销售场景反映了消费者对新兴品牌普遍存在的疑虑：缺乏品牌认知、缺乏信任感、担心产品质量等。要打消消费者的这些疑虑，品牌需要从多个方面入手。一方面，要加强品牌建设和市场推广，提高品牌的知名度和美誉度，让更多消费者了解品牌的价值和优势。另一方面，在与消费者的直接接触中，销售人员要充分发挥品牌使者的作用，通过专业的知识、热情的服务和真诚的沟通，深入挖掘消费者的需求和担忧，针对性地展示产品优势，提供解决方案，引导消费者逐步建立起对品牌的信任。

【金句】

1. 您没怎么听过我们品牌很正常，我们是行业中的后起之秀！我们的团队里有很多资深专家，专注研发多年，这款产品采用了顶尖技术，好多老用户用了都赞不绝口。

2. 新品牌并不代表没实力哦！虽然我们还在提升知名度，但产品质量绝对过硬，和那些大品牌相比一点也不差，而且价格更实惠。

3. 我理解您的顾虑，很多客户一开始也对我们品牌不太了解。让我来为您详细介绍一下……

4. 虽然我们是年轻的品牌，但研发实力强劲，很多技术都处于行业领先水平。

5. 我们有完善的售后团队，24 小时待命。无论您在使用过程中遇到什么问题，只要一个电话，我们马上为您解决。

6. 这是购买过产品的客户给我们的好评和反馈，他们一开始也和您一样犹豫，但用了产品后都非常满意。

7. 新品牌有新优势呀！我们不受传统束缚，创新推出了一些独特的产品功能，能更好地满足用户的需求，市场上很难找到第二家。

8. 任何品牌的成长都离不开像您这样的新客户支持。我们对产品质量有十足信心，在产品使用期间，有任何质量问题，我们都承诺无条件换新。

9. 虽然我们的品牌不太出名，但我们的合作方均为知名企业，采用的原材料和大品牌完全相同，品质绝对有保障。

10. 正因为我们是新品牌，所以更有冲劲和活力，现在为了做市场推广，我们推出了力度空前的优惠活动，您能以更实惠的价格享受到高品质的产品。

8. 没见过实物，担心虚假宣传

如今，线上营销铺天盖地，消费者被各种精美的图片和诱人的描述所包围，但同时也陷入了深深的疑虑之中：那些未曾谋面的商品是否真如宣传般美好？当用户因未见过实物而担忧虚假宣传时，销售人员应学会巧妙地消除顾客的疑虑，让用户感受到产品的真实性和可靠性。

【经典案例】

张强计划为新家定制一套高端家具。他在网上看到了一家定制家具公司的产品，其设计风格和材质都非常符合他的预期。然而，由于家具属于大件商品，无法直接看到实物，因此他担心存在虚假宣传，犹豫是否下单。

销售顾问了解到张强的顾虑后，并没有直接推销产品，而是首先向张强提供了公司详细的资质证明，以及多位客户的真实案例和好评。他还主动邀请张强前往线下体验店参观，亲身体验家具的材质和做工，或者通过视频通话的方式，详细展示家具的细节。另外，他还向张强提供了高清的实物图片和360度全景展示，并安排专业的家具设计师在线为张强服务。

张强在充分了解产品和品牌后，打消了顾虑，最终下单定制了一套心仪的家具。

【场景解析】

很多人都有过张强这样的购物经历，特别是在网上购买一些贵重或大件的商品时，消费者普遍存在这样的顾虑：担心产品与宣传不符，担心质量问题，担心售后服务不到位等。这时，销售人员需要通过多种方式增强客户的信任，例如提供详细的产品信息、真实的客户评价、高清的实物图片，以及做出专业的售后服务承诺等。为了做到这一点，销售人员需要具备专业的知识和良好的沟通技巧，及时解答客户的疑问。

当然，更重要的一点是，企业和销售人员需要注重品牌建设和诚信经营，在宣传过程中避免夸大其词和虚假承诺。

【金句】

1. 如果是我，也会这样想，毕竟没见实物，心里难免没底。但我们做的是长久生意，以诚信为本！

2. 虚假宣传确实可恶，他们扰乱了整个市场秩序！像我们这样的诚信商家都有线下体验店，如果您方便，可以去店里亲眼看一看。

3. 您的担忧我们已经考虑到了。现在下单，我们会额外赠送您一份与产品相关的小礼品。您先看看赠品的品质，相信会对我们的产品质量更有信心。

4. 您没见到实物，有顾虑很正常。毕竟我们的产品属于私人定制类，如果您不放心，可以到网上搜索验证。

5. 我理解您怕被忽悠。我们为每一件产品都制作了专属的"身份证"，您收到货后通过扫码就能查看它的详细制作过程、原材料来源等信息，从而核实真实的产品和宣传是否完全一致。

6. 我们在行业内口碑很好，很多老客户都是因为信任我们的真实宣传而一直选择我们。这是老客户的微信群，我拉您进去看看。

7. 我们的宣传图片和视频都是由专业团队拍摄的，没有经过任何美化处理。您收到货后如果发现有差异，我们全额退款，并给您额外的补偿。

8. 我们和某知名电商平台合作，产品上架前都经过了严格的审核和抽检，确保宣传与实物相符。您看，这是合作方的认证标志。

9. 您看，这是我们的工厂直播回放，您可以清楚看到产品的生产全过程，从原材料加工到成品包装，实实在在，没有半点虚假。

10. 我们的客服团队 24 小时在线，如果您收到货后有任何疑问或不满意，随时联系我们，我们会第一时间为您解决。

9. 担心产品很快会被淘汰

在选择产品时，消费者常常有这样的忧虑：担心某款心仪的产品会迅速被市场淘汰，自己为此花了一笔冤枉钱。消费者有这种担忧很正常。作为销售人员，要学会站在消费者的角度理解这份忧虑，并理性地为消费者详细剖析产品的核心优势与独特之处，帮助其消除担忧。

【经典案例】

在智能手机市场，各大品牌不断推陈出新，技术迭代迅速。某知名品牌推出了一款新型智能手机，主打高清摄像、超强续航和智能快充技术，一经发布便吸引了众多消费者的目光。然而，不少潜在客户在考虑购买这款手机时却犹豫不决。

他们认为，之前购买的手机在使用不到一年的时间里，就因为新机型的问世而显得配置落后，性能也无法满足一些新的应用需求。因此，他们担心这款新手机也会很快被市场上更新的技术所取代。

销售人员对用户的担忧表示理解。在了解了多数人的使用习惯和需求重点后，他着重介绍了这款手机的研发理念和技术优势。他说："这款手机所采用的摄像技术是基于品牌自主研发的全新影像系统，能够提供更加出色的拍摄效果和更多的专业拍摄模式。在未来几年内，它都将处于行业领先水平。而且，其续航和快充技术还结合了最新的电池材料科学研究成果，不仅能够满足当前用户的日常使用需求，还具备足够的技术前瞻性，能够适应未来一段时间内手机使用场景的变化。"

为了进一步消除大家的顾虑，他还展示了品牌的技术研发路线图和产品更新规划，说明该品牌一直致力于技术创新和产品的长期稳定发展，不会轻易让产品在短时间内被淘汰。同时，他还介绍了品牌的软件更新服务，承诺会定期为手机推送系统升级，以优化性能、增加新功能，并确保手机能够兼容未来的各种应用程序，延长其使用寿命。

听完他的耐心讲解后，不少用户都认为这是一款极具性价比的手机，非常值得购买。

【场景解析】

消费者担心产品很快会被淘汰，这反映了市场竞争的激烈以及消费者对产品价值的审慎考虑。企业和销售人员需要在产品研发、市场推广和销售服务等多个环节采取措施，以应对消费者的这一担忧。

在产品研发方面，要注重技术创新，打造核心竞争力，确保产品具有足够的技术储备和发展潜力；在市场推广中，要突出产品的独特价值和长远优势，引导消费者关注产品的长期价值，而不仅仅局限于当下；在销售服务环节，要提供完善的售后服务和保值方案，让消费者购买得安心、放心。

只有这样，才能在竞争激烈的市场中赢得消费者的信任和青睐，使产品在市场浪潮中保持持久的生命力。

【金句】

1. 我理解您的担心，不过我们这款产品在研发时就考虑到了未来的发展趋势。它采用了行业内领先且具有前瞻性的技术，确保在未来几年内都不会过时。

2. 我们为这款产品制定了长期的升级计划，预留了具体的技术升级空间和接口，后续会不断优化功能，确保它始终保持竞争力。

3. 您有这种担心很正常。不过，我们的产品具有一定的差异化优势，这是其他竞品难以企及的。它会在很长一段时间内为您提供良好的使用体验。

4. 我们这款产品所属的系列一直以来都以稳定性和持久性著称。就拿之前的几代产品来说，它们在市场上畅销多年，靠的就是扎实的技术基础和不断优化更新。

5. 公司已经规划好了未来 10 年的产品升级路线图，每一步都紧密贴合市场走向，您完全不用担心产品会过时甚至被淘汰。

6. 在设计这款产品时，我们遵循了先进的设计理念或标准，使其具备了良好的可扩展性和兼容性。无论是未来出现的新配件、新应用还是新的技术环境，它都能轻松应对。

7. 我们的产品在行业内拥有众多合作伙伴和广泛的生态支持。这意味着它能够及时获得各种技术资源和更新支持，始终与前沿技术接轨。

8. 虽然市场上产品更迭频繁，但我们这款产品的关键性能指标已经达到了行业顶级水平，在未来一段时间内，其他品牌很难突破和超越它。

9. 这款产品的一些细节是我们团队经过大量市场调研和技术研发确定的，既满足当下需求，又考虑到未来几年的使用场景变化。这种对细节和未来的把控，保证了产品的持久价值。

10. 我们的产品已经获得了相关行业权威认证和奖项，这意味着它在市场上具有更强的抗淘汰能力。

10. 身边没人使用，自己不敢尝试

当周围没有可参考的使用案例时，消费者往往会对新产品或新服务望而却步。这种"身边没人使用，自己不敢尝试"的心理，反映了人们在面对未知时本能的谨慎与保守。这时，销售人员需凭借专业的产品知识与出色的沟通技巧，深入挖掘产品优势与独特价值，将抽象的卖点转化为消费者可感知的利益点。

【经典案例】

某新款空气炸锅品牌"智烹宝"推出了一款具有智能控温、大容量、易清洁等特色功能的空气炸锅，旨在为消费者提供更加便捷、健康的烹饪体验。然而，在产品推广初期，销售代表刘军遇到了很多有异议的客户。

他们对空气炸锅的概念很感兴趣，也认可其健康无油烹饪的理念，但由于周围的亲朋好友都没有使用过这款"智烹宝"空气炸锅，他们担心产品质量不可靠、实际使用效果不佳，或者操作过于复杂，因此不敢轻易购买。

在了解这些潜在客户的顾虑后，刘军先向他们详细介绍了这款空气炸锅的研发背景和生产工艺。例如，它是由一支拥有多年厨房电器研发经验的专业团队精心打造的，采用了先进的空气循环技术和高品质的材料，并经过了严格的质量检测，以确保产品的稳定性和耐用性。

为了让大家更直观地了解产品的使用效果，他还邀请了一些人去线下体验店进行现场试用。在体验店里，他亲自演示了如何用空气炸锅制作各种美食，如薯条、鸡翅、蛋糕等，并详细讲解了操作步骤和注意事项。大家发现这款空气炸锅操作非常简单，而且智能控温功能确保制作出来的食物色泽金黄、口感酥脆，与传统油炸食品相比，确实减少了油脂的摄入，更加健康美味。

与此同时，刘军还向大家展示了一些用户的好评反馈和使用心得。这些用户在购买和使用"智烹宝"空气炸锅后，对其性能和效果赞不绝口，并分享了使用空气炸锅制作的各种美食照片和视频。

经过刘军的耐心讲解、现场演示以及用户反馈的分享，越来越多的人逐渐打消了对"智烹宝"空气炸锅的顾虑。

【场景解析】

当消费者因为身边没人使用而不敢尝试新产品时，这反映出口碑营销和社交证明在消费决策过程中的重要性。在产品推广初期，企业和销售人员应更加注重产品的质量和性能，并通过多种方式积累良好的用户口碑。例如，提供优质的产品体验、鼓励用户分享使用心得、积极收集和展示用户评价等。同时，应充分利用线下体验活动、线上直播演示、社交媒体推广等多种渠道，让更多潜在的消费者有机会接触和了解产品，获得更多的"替代经验"，从而打破消费者的观望态度，推动产品的市场普及。

【金句】

1. 周围没人使用确实会让您心里有点没底。不过我们这款产品刚推出就备受关注，效果超棒！

2. 好多客户一开始也像您这样犹豫，但用过后都成了回头客，您也可以成为朋友圈中第一个吃螃蟹的人。

3. 现在关注的人少，并不代表它不好哦！我们的产品在研发时就深入调研了像您这样的用户需求。而且我们有完善的售后，保证 7 天无理由退换，您可以放心购买。

4. 我们为您准备了详细的使用教程，并且提供在线客服指导，让您可以轻松上手。

5. 虽然您周围暂时没人使用，但我们已经有很多线上用户给出了好评哦！您看，这是他们的评价截图和使用视频（展示），他们都说操作简单，效果很棒。

6. 我们邀请了知名博主及专家进行评测，他们都赞不绝口。

7. 我理解您的谨慎，不过我们的产品在质量上绝对有保障。我们采用了优质材料，经过严格的生产工艺制作而成，而且有质量认证标志。

8. 我们提供免费的上门安装和初次使用指导，让您无忧体验。您就大胆尝试一下，说不定会发现一个生活帮手呢！

9. 虽然您身边没有案例，但我们有信心，只要您使用了，就会成为它的代言人。

10. 我们的产品在专业领域已经获得多项大奖或荣誉，这是对它品质和性能的认可。虽然它还没有被大众所熟知，但您作为有品位的消费者，选择它就是选择高品质生活。

第六章
回应拒绝："NO"不可怕，
巧言逆转局面

　　每一个"NO"的背后，都隐藏着客户未被满足的需求、未曾消除的顾虑，以及等待被发掘的潜在期望。当客户直言拒绝时，这恰恰是销售旅程中最关键的转折点。作为销售人员，不能因此止步，而应将其视为深入了解客户内心世界的一扇窗。

1. "之前有意向，暂时不需要"

在销售过程中，经常有客户说"之前有意向，暂时不需要"。这看似简单的回复，背后往往隐藏着客户的种种顾虑和犹豫。客户可能是受到价格、时机、竞争对手等因素的影响。因此，销售人员需要具备敏锐的洞察力，并运用灵活的应对策略，才能有效化解客户的疑虑，将潜在客户转化为实际客户。

【经典案例】

在新兴的家用健身器材市场中，某商家正在销售一款名为"智能健身魔镜"的产品。它集健身课程指导、运动数据监测、智能交互等多种功能于一体，吸引了众多追求健康生活方式的消费者关注，刘先生就是其中之一。

在一次线下体验活动中，刘先生对"智能健身魔镜"表现出浓厚的兴趣。他详细询问了产品的功能、价格及售后服务等信息，还亲自体验了部分健身课程。然而，在销售代表对他进行电话回访时，他却表示"之前有意向，暂时不需要"了。

销售代表没有顺着他的意思追问，而是和他谈起生活与工作，并了解到刘先生最近工作上接了一个大项目，经常需要加班。忙碌的工作让他觉得自己暂时没有时间和精力使用健身器材，而且他担心购买后产品，会闲置造成浪费。

于是，销售代表调整了销售策略。他向刘先生表示理解工作忙碌可能带来的困扰，接着详细介绍了"智能健身魔镜"的便捷性和灵活性。为了进一步激发刘先生的购买欲望，他还提到了产品的健康管理功能：通过持续监测运动数据，魔镜可以为刘先生提供健康报告和建议，帮助他在高强度的工作下保持良好的身体状态，提高工作效率，这对于忙碌的上班族来说是非常实用的。

经过销售代表的耐心讲解，刘先生对"智能健身魔镜"的实用性有了新的认识，加之现在购买还能享受到诸多优惠和优质服务，最终决定下单。

【场景解析】

在这个案例中，销售代表成功地将刘先生从"暂时不需要"转变为成功购买，关键在于以下三个方面：首先，他积极探寻刘先生态度转变的原因，这种深入了解客户内心想法的做法是非常关键的。其次，针对刘先生工作忙碌的情况，他精准地阐述了产品的便捷性、灵活性以及对健康的促进作用，让刘先生认识到产品与他当前生活状态的适配性。再次，他通过介绍促销活动，强调了产品的性价比，进一步提升了产品的吸引力。

由此可见，销售人员需要具备敏锐的市场洞察力和良好的沟通能力。通过深入交流，挖掘出客户暂时不买的真正原因，然后从产品价值、客户需求、性价比等多个维度出发，制定个性化的销售策略，方能重新激发客户的购买兴趣。

【金句】

1. 这款产品真的很适合您，您之前不是也感兴趣嘛。我们正在开展优惠活动，折扣力度很大，价格非常划算。

2. 这款产品的灵活性很高，您不用担心没时间用。例如，您可以在早上起床后或者午休前使用。

3. 我明白工作忙起来会让人顾不上其他事，但健康才是最重要的。我们的产品操作非常简单，方便您在忙碌中使用。

4. 之前您对我们产品有意向，肯定是看到了它的价值。现在虽然您觉得暂时不需要，但市场行情在变哦，我们这款产品一直很抢手，库存

113

有限。

5. 您说暂时不需要，是不是有什么顾虑呢？其实您放心，我们的产品质量有保障……您可以先用着，觉得满意后再付款。

6. 我理解您的情况，但我们这款产品的独特之处在于它可以根据您的生活或工作状态变化进行调整和升级。

7. 您之前有意向说明您眼光好呀！现在觉得暂时不需要，确实有点可惜，毕竟现在价格有优惠，而且送增值服务，可别错过这个机会哦。

8. 我知道您暂时犹豫。虽然市场上的产品更新换代快，但这款产品采用了先进技术和稳定架构，不会轻易过时。

9. 您说暂时不需要，是不是因为最近资金有点紧张呢？我们可以为您提供灵活的付款方式，如分期付款、贷款方案等，不会给您造成太大的经济压力。

10. 您虽然觉得现在暂时不需要，但我们的品牌一直在努力提升服务质量。我们为您安排了专属的客户服务团队和增值服务项目，从购买到使用，全程为您贴心服务。

2. "卖得太贵了，我们不考虑了"

在销售中，价格异议宛如一道频繁出现的关卡。当客户直言"卖得太贵了，我们不考虑了"，这场谈判似乎瞬间被置于冰点。其实，价格的背后是客户对成本效益的权衡，对产品价值的深度审视，或是对市场行情的片面认知。

此时，销售人员需要化身价值的解读者和成本的剖析者，用敏锐的洞察力探寻客户内心的价格底线与价值期待，以巧妙的言辞和有力的证据，重塑产品在客户心中的性价比，将价格的阻力转化为成交的助力。

【经典案例】

张总计划为公司升级服务器系统，他联系了一家提供高性能服务器的公司。在详细了解产品配置和性能后，张总却表示："你们的服务器性能确实不错，但是价格太贵了，我们暂时不考虑了。"

销售顾问并没有直接降低价格，而是首先肯定了张总对产品性能的认可，并进一步引导张总思考服务器带来的长期价值。他详细分析了高性能服务器带来的效率提升、数据安全保障及未来扩展性等方面的优势，并用数据模型展现了高性能服务器带来的成本节约和利润增长。此外，他还向张总介绍了公司提供的灵活租赁方案和售后服务，最终打消了张总对价格的顾虑。

【场景解析】

客户说"价格太贵"，并不一定意味着产品没有价值，而是客户对产品价值的认知与价格之间出现了偏差，或者客户存在预算限制。销售人员需要深入了解客户的需求，并通过专业的讲解，帮助客户重新评估产品的价值，从而找到价格与价值之间的平衡点。这就要求销售人员要具备扎实的专业知识、出色的数据分析能力以及良好的沟通技巧，才能有效地引导客户，最终达成交易。

类似的案例可以延伸到许多行业，例如高端汽车销售、奢侈品销售、房地产销售等。在这些行业中，如何高效地处理价格异议，是销售成功的关键。

【金句】

1. 感谢您的反馈。您觉得我们的产品在哪些方面价格偏高呢？能方便具体说明一下吗？

2. 您觉得与同类产品相比，我们的价格高在哪里？我们可以进一步分析一下。

3. 我们产品的价格确实相对较高，但这与我们产品的特性和优势是成正比的。让我们详细分析一下……

4. 从长远来看，我们的产品能够为您节省时间成本，并带来较好的收益。我们可以做一个详细的 ROI（投资回报率）分析。

5. 我们提供多种灵活的付款方式，例如分期付款、租赁等，您可以选择最适合您的方案。

6. 为了感谢您的信任，我们可以为您提供一些额外的优惠，例如……

7. 我们产品的质量和售后服务都非常有保障，这能有效降低您的后期维护成本。

8. 让我们再来详细了解一下您的具体需求和预算，或许我们可以找到一个更合适的方案。

9. 您说贵，那是因为您还没看到它背后的价值。我们的产品在性能方面比同类产品高出 50%，从长期来看，其实是帮您省钱了。

10. 我知道您在犹豫价格，其实我们也在不断努力为客户降低成本。现在我们推出了限时促销活动，就是希望能让更多像您这样有眼光的客户享受到我们的优质产品。

3. "不要了，买了也没时间用"

当客户抛出"不要了，买了也没时间用"时，销售人员往往措手不及。这看似简单的拒绝，实则暗藏着客户的多种潜在需求和顾虑，可能是时间管理问题、产品使用场景不明确，抑或是对产品价值的质疑。

因此，销售人员需要化身时间管理大师与价值发现者，深入探寻客户忙碌表象下的潜在需求，挖掘产品与客户碎片化时间的契合点。以巧妙的沟通技巧和精准的产品呈现，让客户重新审视产品所能带来的高效体验与心灵慰藉，将时间的局限转化为对产品的期待。

【经典案例】

李女士事业有成，越来越注重运动健身。她对一款高端家用跑步机非常感兴趣，并与销售顾问小王进行了多次沟通。然而，在最终决定购买之前，李女士却表示："不要了，买了也没时间用，工作太忙了。"

小王并没有因此放弃，而是与李女士深入交流。他了解到，李女士虽然工作繁忙，但非常注重健康，只是苦于时间不足。于是，他向李女士介绍了这款跑步机的特色功能。例如，可以设置短时间高强度训练计划，还可以连接手机APP，随时随地进行个性化训练。

此外，小王还向李女士介绍了品牌推出的"21天健身打卡挑战"活动。参与者在购买后的21天内，每天只需坚持使用15分钟，并在社交媒体上打卡，就可以获得品牌提供的健身器材周边礼品，如运动水壶、瑜伽垫等，这不仅增加了使用跑步机的趣味性，也有助于客户养成健身的习惯。不仅如此，小王还分享了多位成功人士利用碎片化时间健身的案例。最终，李女士改变了主意，决定购买这款跑步机。

【场景解析】

很多时候，用户说"没时间用"并非绝对的拒绝理由。客户之所以这么说，可能是因为时间管理能力不足，也可能是因为对产品使用场景的理解不够深入，或者是因为对产品的价值认知存在偏差。销售人员需要深入挖掘客户的需求，并根据客户的实际情况，提供个性化的解决方案或增值服务，甚至开展激励活动等方式，进一步激发客户的购买欲望。

【金句】

1.咱们这款产品就是专门为像您这样忙碌的人士设计的。它操作起来简单快捷，使用方式灵活，不会耽误您多少时间。

2.一看您就是大忙人，这也正是您需要它的原因呀！您想想，每天只需花几分钟在锻炼上，就可以缓解身体疲劳。而且它方便携带，让您随时随地都能够享受到它带来的好处。

3. 这款产品有一个独特的模式，是专门针对您这种情况设计的。您只要在休息的时候开启它即可，完全不会占用您额外的时间。

4. 我明白您的顾虑，但您看这款产品的设计多么精巧。您可以在做其他事情的时候同步使用它，比如您在看电视、听音乐的时候就能使用它。

5. 我们可以依据您的时间安排，为您制定个性化的计划，协助您更高效地利用时间。

6. 虽然您现在觉得没时间，但生活中总有一些碎片化时间可以利用。您在等车、午休或者排队的时候都可以使用它，它能让您的这些零散时间变得更有价值。

7. 很多客户和您情况类似，他们一开始也这么认为，但后来发现有了这款产品，反而能更好地规划自己的时间。

8. 它能在短时间内为您提供 ×××××，相较于您花大量时间通过做其他事情来达到同样的效果，它简直太具有性价比了。

9. 市场上的产品那么多，然而能像这款产品这样完美适应您忙碌生活节奏的可不多。它不仅能帮您节省时间，还能助您提升生活品质。

10. 您在紧张忙碌的工作之余，用它来放松一下，哪怕只有几分钟，效果也是相当不错的。

4. "老板不同意，我们也没办法"

在 B2B 销售中，客户常会说诸如"老板不同意，我们也没办法"这样的话。这句看似无奈的话语背后，隐藏着决策流程的复杂性、预算限制以及公司内部制度等多种因素。销售人员此时需要扮演商业侦探与策略顾问的双重角色，运用敏锐的洞察力穿透表面的拒绝，挖掘出老板不同意的潜在因素，并给出能化解疑虑、凸显价值的方案。

【经典案例】

某公司开发了一款名为"智能协同办公系统"的软件，它能让办公流程更顺畅，实现文件共享、实时发送消息，极大地提升办公效率，增强团队协作能力。

一家中型企业的采购负责人李经理，一开始对这软件挺感兴趣。销售部小张跟他多次交流，把软件的好处、功能都讲得明明白白，还给出了实施方案和成本效益分析。就在双方要签意向合同时，李经理却说："老板不同意，我们也没办法。"

小张知道老板主要有三个顾虑：怕安装系统时影响现有业务，造成短期混乱；担心员工用不惯新系统；觉得软件价格高，怕回报不理想。

小张给出了对策。他先请李经理和公司技术骨干参加软件供应商的线上会议。会上，专家详细讲解了如何安装系统、如何控制风险，并展示了多个成功案例，说明安装该系统不仅对现有业务影响小，还能根据企业情况定制。

随后，小张又给企业准备了一套员工培训方案，包括线上视频教学、线下集中培训以及一对一辅导，保证员工能快速上手。他还建议先在部分部门试点，再慢慢推广，这样风险小，老板也能更清楚地看到效果。另外，他推荐了性价比更高的软件套餐，去掉了一些暂时用不到的高级功能，降低了采购成本。

李经理把这些方案和建议反馈给老板后，老板态度变了。他看到了小张和供应商的诚意与专业，也清楚了新系统的价值。最后，老板拍板了这笔订单。

【场景解析】

"老板不同意"并非绝对的拒绝，而是决策流程中一个常见的关卡。这种拒绝可能源于预算限制、风险规避、内部流程等因素。销售人员需要具备全面的业务知识和敏锐的市场洞察力，深入了解客户企业的内部运作机制和老板的决策风格，从产品价值、实施风险、投资回报率等多个维度出发，制定个性化的销售策略和解决方案，以满足企业的实际需求，赢得老板的信任和认可。

同时，在与客户的沟通中，要注重建立良好的人际关系，不仅要与采购负责人保持密切联系，还要尽可能与企业的高层决策者建立直接的沟通渠道，及时了解他们的想法和需求，为销售成功创造有利条件。

【金句】

1. 王经理，我能理解老板的顾虑。请问老板主要担心哪些方面呢？方便具体说明一下吗？

2. 我们能否有机会与您的老板直接沟通，更详细地介绍我们的产品和服务？

3. 我可以向公司申请，为您提供全面的技术支持和售后服务，以有效降低后期维护成本，并保障产品的稳定运行。

4. 我们可以根据贵公司的实际情况，制定更灵活的付款方案，降低资金压力。

5. 老板担心价格问题很正常，不过我们可以为您提供灵活的合作方式，比如分期付款或者按使用量付费，这样能减轻公司的资金压力。

6. 老板可能不太了解我们的产品。您可以将产品的核心优势向老板汇报一下，说不定会改变他的想法哦。

7. 我明白您的难处，但我们可以先为公司提供免费的试用版，让老板和员工在实际使用中感受产品的优势和效果。试用期结束后，我们再根据公司的反馈调整方案。

8. 老板不同意也许是对实施过程不放心。我们有一套成熟的实施方法论，已经在多个项目中得到验证，能够确保项目按时交付。此外，在实施过程中，还会有专业的项目经理全程跟进，及时向老板汇报进度，并负责解决问题。

9. 我知道老板可能对投资回报有较高的期望。我们可以为您做一份详细的投资回报率分析报告，根据公司的规模、业务特点和预期使用效果，精确计算出使用我们产品后能够节省的成本和增加的收益。

10. 我理解您夹在中间的尴尬，我们可以安排一次与老板的线上会议，由我们的专家团队直接向他介绍产品的详细情况和解决方案，解答他的所有疑问。

5. "售后太麻烦，还是算了"

售后，本应是产品价值的延伸与保障，但在很多情况下却会成为交易的阻碍。比如，在推销产品的过程中，客户经常会以"售后太麻烦"或者"担心售后没保障"等为由委婉地拒绝。此时，销售人员需要化身售后问题的解决专家与信任的修复者，深入探究客户对售后担忧的根源，并通过清晰、明确且具有吸引力的售后保障方案，将售后从"麻烦"变为"安心"。

【经典案例】

一次，陈女士被一款智能空气净化器吸引，其具有高效的净化性能和时尚的外观。她咨询价格时，销售人员说："现在正在促销，满1000减200。"她觉得很划算，本打算下单，但想到之前购买其他电器时，曾遭遇过售后维修时间长、沟通不畅等问题，便对销售人员说："我担心售后太麻烦了，还是算了吧。"

销售人员对陈女士表示理解，并详细询问了她之前的售后经历。随后，他向陈女士介绍了品牌近期针对售后服务做出的一系列改进措施。首先，品牌在当地设立了多个售后服务网点，不仅覆盖了陈女士所在的区域，而且还承诺提供上门检测和维修服务。只要顾客拨打售后电话，售后人员将在 24 小时内与顾客联系，并在 48 小时内上门解决问题（非特殊情况）。

其次，对于维修费用的问题，销售人员解释说："品牌现在推出了一项增值服务，顾客在购买产品时可以选择购买一份价格合理的延长保修服务。在保修期间，无论是人为还是非人为原因造成的产品故障，都将享受免费维修和更换零部件的服务。"

此外，销售人员还为陈女士展示了品牌的售后服务 APP。通过这个 APP，用户可以随时查询售后申请进度、维修记录，并且与售后人员进行在线沟通，确保了售后服务的透明化和便捷性。

为了进一步消除陈女士的顾虑，销售人员还提到了品牌的客户满意度调查机制，承诺如果陈女士在售后过程中遇到任何不满意的情况，都可以通过反馈渠道进行投诉。品牌将对相关问题及时处理，并对售后服务团队进行考核和改进。

经过销售的耐心讲解，陈女士改变了对品牌售后服务的认知。最后，她购买了这款智能空气净化器。

【场景解析】

上述案例反映了消费者对售后服务的普遍关注点：便捷性、效率、响应速度及服务态度。"售后太麻烦"的背后，可能是客户担心产品出现故障后难以得到及时有效的解决，或者担心售后服务的流程过于复杂，沟通成本过高。

销售人员需要充分了解客户的顾虑，并针对性地提供解决方案。例如，清晰地解释售后服务流程、强调服务的便捷性和效率、提供多种联系方式、承诺快速响应等。这种思路可以延伸至诸多行业，例如家用电器、汽车、高端电子产品等，售后服务的好坏直接影响着客户的满意度和品牌口碑。

【金句】

1.想必您之前有过不愉快的经历吧。但我们家不一样，我们在全国有超过 1 万个售后服务网点，不管您在哪个城市，都可以享受到同等的售后服务。

2. 只要一个电话，我们就会安排专业人员在 24 小时内上门服务，而且维修期间还会为您提供备用机，绝对不会耽误您的正常使用。

3. 现在购买产品，我们会为您配备一位专属售后客服，全程跟进您的售后问题，从报修到解决，您都不用操心。

4. 我们承诺：产品五年内出问题，只换不修，而且免费上门取件。

5. 如果您在使用产品的过程中遇到任何问题，我们不仅提供免费的技术咨询和远程指导，还会定期回访您的使用情况，确保您一直满意。

6. 我们最近推出了一项"无忧售后保障计划"，只要您购买了我们的产品，无论出现什么问题，我们都会负责到底。即使属于人为损坏，我们也会以成本价为您维修。

7. 我们会对每一次售后进行满意度调查，如果您不满意，我们会重新为您处理，直到您满意为止。

8. 为了让客户没有售后之忧，我们特别提供了"一站式售后解决方案"。从产品安装、调试到日常维护、维修，我们都有专业人员为您服务。

9. 我们的售后服务不仅负责维修，还包括免费进行产品升级和优化，让您的产品始终保持最佳状态，而且这些都是免费的哦！

10. 我们可以向您郑重承诺，如果您在购买后的 5 年内对我们的售后服务不满意，可以无条件退货退款，我们就是这么有信心。

6. "对产品的外观不是很中意"

很多时候，当顾客轻描淡写地说出"对产品的外观不是很中意"时，这看似简单的一句话却犹如一道精致菜肴中不合口味的调料，足以影响整个销售的"味觉体验"。外观，作为产品给人的第一印象，往往能够瞬间影响消费者的喜好天平。

这时，销售人员需要化身美学顾问与价值发现者，透过顾客对外观的初步评价，探寻其内心深处对美的真正追求和未被满足的期待。通过巧思与诚意雕琢产品的价值呈现，使其从"不中意"迈向"倾心"。

【经典案例】

在高端耳机市场中，一款主打卓越音质和先进降噪技术的耳机新品发布，吸引了众多音乐爱好者的关注。林先生便是其中的潜在消费者。

一次，他去耳机专卖店咨询这款产品，销售人员详细介绍了该耳机的各项技术亮点："采用的高保真发声单元能够精准还原音乐的每一个细节，独特的降噪算法可以有效屏蔽外界噪声，为用户营造沉浸式的音乐体验。"

在试听过程中，林先生对耳机的音质和降噪效果确实非常满意，但当他仔细端详耳机的外观时，却微微皱起了眉头，直言对产品的外观不是很中意。原来，这款耳机为了追求极致的性能，在外观设计上采用了较为硬朗的工业风线条和单一的配色方案，与林先生所偏好的简约时尚、富有艺术感的风格有些出入。

察觉到林先生的顾虑后，销售员微笑着询问林先生："您对耳机外观有什么要求，或是希望融合哪些元素？"经过深入交流，他了解到林先生平时喜欢简约的几何图形和柔和的色彩搭配，并且对具有个性化定制元素的产品很感兴趣。

这时，销售员向林先生介绍了品牌推出的一项特别服务——耳机外观定制计划。消费者可以根据自己的喜好，选择不同的颜色、材质，还可以在耳机外壳上添加个性化的图案或文字，将耳机打造成独一无二的专属音乐伴侣。而且，定制过程并不复杂，只需在品牌的官方网站上提交设计方案，专业的设计团队就会在短时间内完成制作，并将专属耳机寄送到客户手中。

林先生觉得这款耳机的外观虽然不是他最初喜欢的样子，但通过定制服务可以解决这个问题，最终满心欢喜地定制了一款。

【场景解析】

"对产品外观不是很中意"并非是绝对意义上的拒绝理由。它可能反映了客户的个人审美偏好、对产品设计理念的理解存在差异，或者认为产品整体风格与自身家居环境、个人风格不协调。销售人员需要了解客户的审美偏好，并根据客户的需求，提供个性化的解决方案。同时，销售人员还需要善于挖掘产品的其他优势和潜在价值，通过巧妙的沟通技巧，提供有效的解决方案，引导消费者从更全面、更长远的角度看待产品，合理权衡外观与其他因素之间的关系。

在产品研发和设计过程中，企业应充分考量目标消费者的审美趋势和个性化偏好，推出多样化的外观设计或提供定制化服务，以满足不同消费者的需求，提高产品的市场竞争力。

【金句】

1. 我能理解您的审美偏好。请问您更喜欢哪种风格的设计呢？能方便描述一下吗？

2. 这款产品有多种颜色可供选择，可以根据您的家居风格选择合适的颜色。

3. 我们可以为您提供一些不同风格产品的图片或视频，您可以参考一下。

4. 产品外观虽然可能不是您最中意的，但它的材质非常高级，不仅耐用，而且对性能提升有很大帮助。您觉得这样能不能弥补外观上的遗憾呢？

5. 其实，我们这款产品的外观设计是有背后的故事和理念的。它的灵感来源于……旨在为用户带来独特的情感体验或文化内涵。

6. 虽然乍一看可能不太符合您的喜好，但如果您深入了解一下，就会发现它的独特魅力，要不我给您详细讲讲？

7. 我们有丰富的配件可供选择，您可以通过搭配这些配件，轻松改变产品的整体外观风格，使其更符合您的审美与喜好。

8. 产品虽然在外观上没有一下子吸引您，但它在性能、质量、功能等方面的表现绝对是行业领先的。您想想，是外观重要，还是功能和品质更重要呢？

9. 我知道您想要一款外观漂亮的产品，我们也在不断努力改进。其实，这款产品已经有了新的外观改进计划或方向，预计在下个月就会推出新的外观款式。如果您现在购买，到时候可以以优惠的价格更换新的外壳。

10. 产品外观虽然简约，却非常百搭。无论您在什么场景使用，它都能轻松融入其中，而且不会显得突兀。

7. "这款产品不适合我们"

"这款产品不适合我们"，短短几个字，背后或许是客户对自身需求的执着坚守，对产品理解的偏差，又或是受到竞品的干扰迷惑。然而，这绝非销售的终点，而是一场深度探寻客户内心真实需求、精准剖析产品适配性的关键转折点。销售人员要透过表象的拒绝，挖掘客户尚未察觉的痛点与潜在渴望，重新构筑产品与客户需求之间的紧密纽带，将"不适合"成功转化为"量身定制"。

【经典案例】

李总是一家电商公司的物流主管，他对一款智能仓储系统很感兴趣。在销售人员完成演示后，他却表示："这款系统功能很强大，但它对我们目前的仓库布局不太适用，不适合我们。"

销售顾问并没有直接反驳李总，而是详细了解了李总公司仓库的具体情况，包括仓库面积、货架类型、现有设备及物流流程等细节。他发现，李总的顾虑并非系统本身的功能问题，而是系统与现有仓库环境的整合问题。随后，他提出公司可以根据李总公司仓库的实际情况，定制化开发部分模块，以确保系统与现有环境完美匹配。同时，他还承诺提供专业的安装和调试服务。最终，他成功打消了李总的顾虑，促成了这笔交易。

【场景解析】

上述销售场景说明，"这款产品不适合我们"并非是绝对意义上的拒绝，而是客户表达自身需求与产品之间存在差异的一种方式。这种差异可能源自产品功能与客户需求不匹配、产品与现有系统不兼容、预算限制、内部决策流程等诸多因素。

因此，当销售人员听到客户类似的表述时，着重深入了解客户的实际需求，分析产品与客户需求之间的差距，并积极寻求解决方案。例如定制化开发、调整产品配置、提供灵活的付款方式、提供更全面的技术支持等。

【金句】

1. 我能理解您的顾虑。请问您觉得这款产品哪些方面不适合贵公司呢？方便具体说明一下吗？

2. 关于这款产品可否与贵公司现有的系统进行无缝整合，我们有专业的技术团队，能够提供技术支持。

3. 我们可以提供一个试用版本，让贵公司体验这款产品，看看是否符合您的实际需求。

4. 您可能还没看到它的潜在价值。这款产品虽然看起来和您的行业不太相关，但它的核心功能和优势，恰好能解决您的企业目前面临的难题，比如……

5. 我明白您的顾虑。针对您这样的客户类型，我们特别开发了……它能够精准满足您的特殊需求。

6. 也许您现在觉得不适合，但这款产品正是顺应了未来的趋势，它很可能成为市场的主流。

7. 从前期的需求分析、方案定制，到后期的实施培训、售后维护，我们都会全程陪伴您，确保产品在您的企业中顺利运行，并发挥最大的作用。您还担心什么呢？

8. 其实，我们的产品有很多隐藏的亮点和应用场景，比如……（列举一些客户可能不熟悉的功能及应用案例），这些功能恰好能够满足您的需求。

9. 产品在设计之初就考虑到不同行业和企业的多样性需求。它具有高度的可扩展性和定制化能力，只要进行简单的设置和调整，它就会完全符合您的企业规模和业务模式。

10. 这款产品虽然看起来有些陌生，但它所带来的新理念、方法，以及它能产生的效益，可能正是您的企业突破当前困境、实现新发展的关键。

8. "已经没有预算了，以后再考虑"

"已经没有预算了，以后再考虑"，这并非全然的拒绝，它既可能是客户的真实情况，也可能是试探性地婉拒，甚至可能是谈判的筹码。销售人员要能够准确解读客户话语背后的真实意图，并灵活运用销售技巧，挖掘客户的潜在需求，寻找销售的突破口。

【经典案例】

一款名为"精英商务英语培训课程"的产品吸引了众多职场人士的目光。该课程采用线上线下混合式教学模式，邀请了多位具有丰富国际商务经验的外教进行授课，课程内容涵盖商务谈判、商务写作、职场口语交流等多个实用模块，旨在帮助学员快速提升在商务场景下的英语综合应用能力，增强职场竞争力。

某外贸公司的职员小张对这款课程表现出浓厚的兴趣。在与课程销售顾问沟通后，他对课程的教学质量、师资力量和课程设置都非常满意。然而，当销售顾问提及课程费用并试图促成交易时，小张却面露难色地说："公司最近业务拓展，各项费用支出较大，我个人的培训预算也被压缩了，实在拿不出钱报名课程。"

针对小张的情况，销售顾问为他制定了一套个性化的解决方案。首先，销售顾问介绍了课程的灵活付款方式，除了一次性付清全款外，还提供分期付款选项，学员可以将课程费用分为10期支付；其次，强调主办方正在与多家企业进行合作洽谈，对于像小张所在的外贸公司这样有员工培训需求的企业，可以提供一定的团购优惠政策；再次，介绍课程的附加价值，如免费的商务英语学习资料、定期举行的行业专家讲座，以及与其他优秀学员建立人脉关系的机会等。

小张经过合计，觉得现在通过分期付款下单比较划算，因而果断报名参加了"精英商务英语培训课程"。

【场景解析】

当客户以"没有预算"为由拒绝购买时，这反映了客户在购买决策过程中对价格和成本的敏感性，以及企业或个人在财务规划方面的实际情况。销售人员需要充分理解客户的财务状况和预算限制，从产品的定价策略、付款方式、附加价值等多个方面入手，寻找突破点，为客户提供更加灵活、个性化的解决方案。

同时，应注重挖掘产品或服务的长期价值和潜在收益，帮助客户从更宏观的角度看待购买决策，使其认识到当前的投资将在未来带来更大的回报。此外，与客户建立良好的信任关系，了解客户的业务需求和发展目标，也是在预算困境中促成销售的重要因素之一。这能够让客户更加愿意与销售人员共同探讨解决方案，实现双方共赢。

【金句】

1. 我完全理解您现在预算紧张，不过，这款产品对您的帮助可太大了。而且我们有灵活的分期付款方案，不会给您造成太大的经济压力。

2. 预算不够没关系，我们正好有个限时优惠活动。如果您在 1 个月内下单，我们可以为您提供 8 折优惠，这样能为您节省不少钱。

3. 我知道您现在手头紧，但从长远来看，这其实是一种投资，会给您带来更多的回报。您看能不能稍微调整一下预算？

4. 我们的产品虽然价格看起来有点高，但它的质量和性能都是行业顶尖的，而且使用寿命长，平均到每天的成本其实很低。

5. 我明白您的难处，不过我们可以为您提供免费的试用机会，让您先体验产品的效果和优势。如果您觉得满意，再考虑购买也不迟。

6. 预算有限不用愁，我们有很多客户都遇到过类似的情况。我们可以一起探讨如何在您现有的预算范围内，找到最适合您的解决方案。比如……

7. 如果您现在因为预算问题而放弃购买，以后可能需要花费更多的钱才能买到。您看能不能跟领导或者财务部门沟通一下，看看是否可以适当调整预算？

8. 这款产品有很好的投入产出比。您看，使用我们的产品后，您在××××× 等方面能够得到明显的改善，这些节省下来的成本和增加的收益远远超过了产品的价格。

9. 我们刚刚推出一款"预算友好型套餐"，它在保证产品基本功能的前提下，去掉了一些您可能不太常用的高级功能，从而降低了价格，更符合您现在的预算情况。

10. 您可以先购买产品，然后再分期还款，而且没有利息。这样您就可以在不影响当前资金状况的情况下，提前享受产品带来的好处。

9. "我们一直用×品牌，不会轻易更换"

"我们一直用×品牌，不会轻易更换"，当客户说出这句话时，说明其对熟悉品牌的信任与依赖，是长期使用形成的习惯使然，也说明其担忧更换品牌可能带来的风险。这时，销售人员要深入探寻客户与现有品牌的情感纽带和使用痛点，并挖掘自身品牌的独特优势与差异化价值，从而在客户心中种下一颗尝试新品牌的种子。

【经典案例】

在办公耗材市场中，某知名品牌的打印机墨盒一直是众多企业的首选，A公司也不例外。多年来，A公司一直使用该品牌墨盒，采购负责人李经理对其质量和兼容性都非常满意，形成了较高的品牌忠诚度。

新进入市场的B品牌墨盒销售代表朱雷试图开拓A公司的业务。当他向李经理介绍B品牌墨盒时，李经理直言："我们一直用×品牌，他们的墨盒质量稳定，打印效果好，而且和我们的打印机兼容性极佳，这么多年都没出过什么问题，所以我们没必要冒险尝试新品牌。"

之前，朱雷通过多方渠道了解到，虽然A公司目前使用的墨盒在质量上总体可靠，但存在着价格偏高的问题，而且该品牌近期在售后服务响应速度上有所下降，给A公司的日常办公带来了一些不便。

针对这些情况，朱雷带着B品牌墨盒的样品和详细资料再次拜访李经理。他首先向李经理展示了B品牌墨盒在价格上的优势，相比A公司现用品牌，B品牌墨盒能够为其节省30%的采购成本，这对于注重成本控制的企业来说有很大的吸引力。同时，朱雷详细介绍了B品牌墨盒所采用的先进技术，不仅能保证出色的打印质量，还在兼容性方面进行了优化。经过严格测试，与 A 公司所使用的打印机完全适配，不会出现任何兼容性问题。

同时，朱雷强调："我们建立了完善的售后服务体系，在全国各大城市都设有售后网点，能够提供 24 小时内上门服务的承诺，确保客户在使用过程中遇到的任何问题都能得到及时解决。而且，我们还为新客户提供了免费试用 2 个墨盒的活动。"

经过朱雷的耐心讲解，李经理对 B 品牌刮目相看，决定先尝试使用一段时间 B 品牌墨盒，根据试用效果再确定后续的采购计划。

【场景解析】

在销售过程中，当客户表示"一直使用某品牌，且不愿轻易更换"时，说明其品牌忠诚度较高。面对这种情况时，销售人员需要进行深入的市场调研和客户分析，找出客户与现有品牌之间的潜在矛盾和未被满足的需求。同时，挖掘自身品牌的独特卖点和差异化优势，如价格优势、技术创新、个性化服务、环保理念等，并通过有效沟通和营销手段，将这些优势传递给客户，打破客户的品牌惯性思维，引导他们尝试新品牌。

此外，建立良好的品牌形象和口碑，提供优质的售前、售中、售后服务，也是吸引客户更换品牌的重要基础。这能够让客户在更换品牌时感到安心和放心，从而提高品牌转换的成功率。

【金句】

1. 我明白您一直信赖 × 品牌，不过我们在一些关键指标上已经超越了它。比如，×××、××× 等这些特色功能，× 品牌目前是没有的。

2. 您长期使用 × 品牌，肯定对它的优缺点都很清楚。我们的产品恰好针对这些问题进行了改进。您可以先了解我们的解决方案，再做决定也不迟。

3. 我们的产品代表了行业的最新趋势。它采用了先进技术和新材料，不仅性能卓越，而且更加环保节能，符合当下的发展潮流。

4. 我们的品牌在行业内的口碑越来越好。很多像您这样的客户在尝试了我们的产品后，都被它的高性价比、出色的用户体验等吸引，逐渐成为我们的忠实用户。

5. 我们的产品和×品牌相比，在价格上更具优势，能为您节省50%以上的采购成本。而且，我们的质量和服务毫不逊色。

6. 非常理解您对更换品牌的谨慎，但我们的品牌背后有强大的技术研发团队和完善的售后服务团队。我们不断投入资源进行产品研发和优化，就是为了给客户提供更好的解决方案。

7. 您一直用×品牌，是因为它的稳定性吧。其实我们的产品在稳定性方面也经过了严格的测试和验证，而且我们还提供了更长的质保期和更便捷的售后维修服务。

8. 我们虽然是新品牌，但我们在研发过程中充分借鉴了市场上各大品牌的优点，并进行了创新和优化。您可以把我们的产品看作集百家之长的结晶，既有×品牌的熟悉感，又有超越它的新优势。您不妨试用一下。

9. 我理解您对×品牌的忠诚度，但我们有信心让您成为我们的忠实客户。我们可以先为您制定一个小范围的试用计划，在不影响您正常业务的前提下，让您逐步了解和熟悉我们的产品。

10. 您一直用×品牌，说明您很有眼光。但我们的产品针对像您这样的老用户有个特别的优惠政策，而且我们有信心在关键性能指标上超越您现在用的品牌。

10. "看到不少差评，不打算买了"

在购物决策过程中，消费者的产品评价成了重要的参考依据。当他们直言"看到不少差评，不打算买了"，这背后反映出消费者对产品质量、性能及服务的担忧。此时，作为销售人员，一定要深入了解差评背后的真实情况，以诚恳的态度、专业的知识和有力的证据，化解消费者的疑虑，重塑产品在消费者心中的形象，将差评的危机转化为展现品牌诚信与担当的契机。

【经典案例】

在一个大型电商平台，多个商家都在出售某品牌新推出的一款具备高像素摄像头、强大处理器和时尚外观的手机。王婶很中意这款手机，经过比价，她发现有一家店铺优惠后价格较低，于是向店主进行了咨询。然而，在即将下单的时候，她突然想起了一件事——查看该手机的用户评价。

她查看了各大电商平台和社交媒体上的用户评价，发现了不少差评，比如"手机容易发热""部分软件不兼容性""电池续航能力差"等。看到这些差评后，她的购买意愿大打折扣。她和店主说："这款手机的差评真多，我不想买了。"

这正是店主经常碰到的棘手问题，但他没有慌乱，而是冷静地回应："我理解您的担忧，您觉得哪些差评所说的问题接受不了？"王婶着重讲了几个。店主解释道："其实，品牌方早已注意到这些问题，并且采取了改进措施。新出厂的手机不存在他们说的发热、续航能力差等问题。您看，他们的评价都集中在上个季度的。"王婶特意又看了一下，差评时间还真是集中在上个季度。

为了进一步消除王婶的顾虑，店主还为她提供了一个额外的保障：如果购买手机后，在使用过程中仍然遇到上述问题，专卖店将在一定期限内提供免费的检测、维修和软件升级服务，直到问题得到彻底解决。此外，如果在购买后的10天内对手机不满意，可以无理由退换货。王婶见店主敢做出这样的承诺，最终决定购买这款手机。

【场景解析】

在面对消费者对差评的顾虑时，要善于运用有效的沟通技巧和营销策略，帮助消费者理性看待差评，重新认识产品的价值和优势。具体来说，需做好以下三点：

首先，提供专业解释是基础。针对差评中提及的问题，以专业知识剖析其根源，让消费者明白问题并非不可解决，而是有着合理的原因与应对办法。例如，对于产品出现的性能问题，可详细说明是特定环境或初期技术适配导致，且已通过技术迭代完善。

其次，展示改进措施和成果。通过图片、数据或视频等形式呈现改进后的实际效果，增强说服力。同时，优质售后服务承诺能极大地缓解消费者的担忧，像免费退换、快速维修响应等，都能给予他们购买的安全感。

再次，利用好评案例对比。精选具有代表性的正面反馈，从不同维度展示产品的优势与价值，引导消费者从更全面的视角审视产品，从而理性看待差评，重拾对产品的信心。这不仅能助力销售目标的实现，还能稳固品牌在市场中的地位与声誉，使其在商海浪潮中稳健前行。

【金句】

1. 非常抱歉让您看到那些差评，影响了您的心情和购买意愿。我们完全理解您的担忧，换作是我们也会有所顾虑。

2. 其实那些差评主要集中在×××方面，这是由于……（解释原因，如初期生产工艺问题，但已解决）我们已经采取了改进措施。

3. 您也可以看看这些好评，我们产品在××方面还是很受认可的。而且我们有很多回头客，他们的持续支持就是对我们产品最好的证明。

4. 如果您还是不太放心，我们可以为您提供15天的免费试用期，让您亲身感受产品的实际效果，您在试用之后再做决定也不迟。

5. 我知道差评影响了您做出购买决策，不过您有没有发现，那些差评中也有一些是误解呢。比如……

6. 您也知道，现在竞争对手可能会恶意刷差评来影响我们的销量。其实我们的产品在××方面是经过了××××认证或大量用户实际体验验证的，口碑一直很好。

7. 那些差评可能是由于个别批次的产品在生产环节或运输过程中出现了一些小瑕疵，但我们已经加强了质量管控，现在的产品都是经过严格检测的。

8. 差评是我们改进的动力，我们已经针对用户反馈的问题进行了全面优化。

9. 我知道您不想冒险购买有差评的产品，但我们这款产品是同类型产品中性价比最高的。虽然初期可能存在一些小问题，但我们会不断进步。

10. 这些差评其实也反映出我们的产品受到了很多关注，毕竟没有关注度的产品也就不会有这么多评价。

第七章
价格谈判：进退之间掌控价格天平

在交易过程中，价格是买卖双方关注的核心焦点。无论是客户直截了当地要求降价，还是以竞争对手的价格施压，又或是在各种特殊情境下提出议价诉求，每一种情况都像是一道关卡，考验着销售人员的智慧与应变能力。

1.客户直截了当地要求降价

客户直接要求降价是再常见不过的事情。这不仅考验着销售人员的应变能力和谈判技巧，更考验着他们对产品价值的理解和对客户需求的把握。优秀的销售人员不仅要能够巧妙地应对降价要求，更要能够将降价谈判转化为加深客户理解、提升客户满意度，以及最终达成交易的机会。

【经典案例】

李先生是一家大型企业的 CEO，他近期决定为自己的别墅安装一套高端智能家居系统。经过多方比较，他最终选择了"智家"公司的产品，并与销售经理孙浩约定了上门详细咨询和报价的时间。

孙浩精心准备了方案，向李先生详细讲解了系统功能、优势及价格，总价为 15 万元。李先生听完后沉默片刻，直截了当地说："价格太高了，能不能降到 12 万元？"

孙浩没有直接回应，而是先肯定了李先生的精明和对价格的关注，表示理解他的顾虑。孙浩并没有立即就价格问题展开讨价还价，而是进一步了解了李先生的需求，例如，他最看重哪些功能？哪些功能可以考虑简化或去除？是否对某些品牌有特别偏好？

通过深入沟通，孙浩发现李先生最看重系统的安全性和稳定性，而对一些娱乐功能并不十分在意。基于此，他对原方案进行了修改，略微调整了部分配置，在保证核心功能不变的情况下，将价格降低到 13 万元。同时，孙浩还提供了一些增值服务，例如优先安排安装时间、延长保修期等。最终，李先生欣然接受了这个方案。

【场景解析】

这个案例的成功之处在于，孙浩没有简单地就价格问题与客户进行拉锯战，而是通过深入了解客户需求，找到双方都能接受的平衡点。面对客户的降价要求时，许多销售人员都容易陷入价格战的泥潭。事实上，客户要求降价，并非单纯因为价格过高，而是可能因为以下原因：存在预算限制，需要在价格和功能之间权衡；对产品价值的认知不足，觉得价格过高；试图通过降价谈判来争取更多利益；对产品的价值产生怀疑，认为性价比不高等。因此，销售人员需要灵活应对客户的降价要求，关键在于了解客户的真实需求，制定出满足客户需求的最佳方案，而不是单纯地为了成交而在价格上妥协。

【金句】

1. 我理解您的顾虑，价格确实是一个重要因素。让我们来仔细看看哪些方面可以调整，以达到您的期望。

2. 您觉得哪些方面价格偏高？我们可以根据您的实际需求，调整配置或方案，寻求更合适的解决方案。

3. 为了让您更好地了解产品的价值，我们再来回顾一下这款产品的主要优势和功能，您觉得哪些功能对您来说最为重要？

4. 除了价格，您还有其他顾虑吗？也许我们可以通过其他方式满足您的需求。

5. 我们这款产品的性价比很高，在同类产品中，我们的价格并不算高，您可以参考一下竞争对手的产品。

6. 如果您现在购买，我们可以提供一些额外的增值服务，例如免费安装、延长保修期等。

7. 我们可以提供分期付款，以减轻您的资金压力。

8. 这个价格是经过严格核算的，包含了高质量的材料、先进的技术以及完善的售后服务。如果大幅降价，可能会影响产品的质量和服务水平。

9. 为了表示诚意，我们可以考虑在原价的基础上给予您一定的优惠，例如……

10. 感谢您的反馈，我会和公司沟通，看看是否能为您争取到更优惠的价格。

2. 以竞争对手的价格为筹码压价

在销售中，"价格"是影响客户决策的关键因素。客户常常会以竞争对手的价格作为筹码，试图压低价格。然而，一味地降价往往会造成双输的局面。要做真正的赢家，必须深入理解客户的需求，并通过价值引导达成交易。

【经典案例】

王先生是一家公司的CEO，准备定制一套高端西装参加重要的商务会议。他联系了"尊爵定制"的销售经理，并详细沟通了设计和面料等细节。对方根据他的要求，精心设计了一套方案，并报出了3万元的价格。

王先生听完后，从包里拿出一张竞争对手"名仕定制"的报价单，上面显示同等配置的西装价格为2.5万元。王先生直言不讳地说："你们的价格比'名仕定制'贵了5000元，能不能给我一个更优惠的价格？"

销售经理没有说"行"或"不行"，而是仔细查看了"名仕定制"的报价单，并认真询问了王先生对两家公司的了解程度。他发现，"名仕定制"的报价单上只列明了基础材料，而没有包含个性化设计、高级手工缝制及专属售后服务等内容。

因此，销售经理没有直接强调价格差异，而是详细解释了"尊爵定制"西装在用料、工艺和服务上的优势，并着重强调了这些优势带来的价值——更舒适的穿着体验、更完美的剪裁，以及更专业的售后服务。最终，王先生认可了"尊爵定制"的价值，并欣然接受了3万元的价格。

【场景解析】

在上述场景中，销售经理没有直接与竞争对手进行价格比较，而是将重点放在产品的差异化竞争上。客户以竞争对手的价格压价，其背后往往存在多种原因：期望以最优惠的价格获得最好的产品或服务；试图通过压价来试探销售人员的底线和谈判空间；可能对产品的价值缺乏足够的认知，仅仅关注价格；或者掌握了部分信息，例如竞争对手正在开展促销活动等。

因此，销售人员不能简单地以价格战回应，而应该深入了解客户的需求，突出自身产品的独特优势，并通过价值引导，让客户明白价格背后的真正价值。

【金句】

1. 先生，感谢您提供的信息。让我们来仔细比较一下两家产品的具体差异。

2. 您提供的报价单上是否包含了……（例如高级手工、专属定制服务等）

3. 我们更注重为您提供量身定制的服务，而不是与对手进行简单的价格竞争。

4. 虽然价格略有差异，但我们的产品在……（例如材质、工艺、服务等）方面拥有显著优势，这将为您带来更好的使用体验和更长久的价值。

5. 我可以向您详细解释一下我们产品的高品质和高性价比，以及这些价值如何体现在您的实际使用中。

6. 除了价格，您还有考虑其他因素吗？比如产品质量、售后服务等。

7. 为了感谢您的信任，我们可以为您提供一些额外的优惠，例如……

8. 我们产品的价格反映了其高品质和卓越性能，您现在看到的只是表面价格，从长远来看，其价值远超价格本身。

9. 我们可以根据您的预算调整部分配置，在保证核心功能不变的情况下，为您提供更优惠的价格。

10. 请您允许我与上级沟通一下，看看是否可以为您争取到更优惠的价格。

3. 客户对产品有需求，却称预算有限

当客户表示预算有限时，这反映了客户在购买决策过程中的经济理性。销售人员需要意识到，客户并非对产品没有兴趣，而是希望在其经济承受范围内找到合适买方式。因此，深入挖掘客户的预算空间和需求痛点，结合产品特点制定个性化的解决方案，并通过增加产品附加值来提升性价比，是应对此类情况的有效策略。

【经典案例】

在一家健身房，健身顾问小王接待了潜在客户李先生。李先生身材微胖，通过交谈，小王得知李先生对自己的体型不满意，且因工作原因身体处于亚健康状态，有强烈的健身意愿。然而，当小王向李先生介绍健身房的会员套餐时，李先生却面露难色地说："我知道健身对我很有好处，但我预算有限，暂时没办法办理会员卡。"

经过了解，小王得知李先生每个月最多只能拿出300元用于健身，而健身房的普通月卡价格是500元，显然超出了李先生的预算。

小王思考片刻，向他介绍了健身房的一款特殊套餐："李先生，我们有一个非高峰时段套餐，这个套餐非常适合您。您只需每月支付300元，就可以在工作日的上午10点到下午4点之间来健身。这个时间段健身房人比较少，您可以更自由地使用各种器材，而且我们的教练在这个时间段也会有更多时间为您提供专业指导。"

李先生有些犹豫，他担心自己可能没时间在非高峰时段来健身。小王见状，又提出了一个解决方案："李先生，如果您这个月购买非高峰时段套餐，我们可以额外赠送您 5 次免费的晚间健身机会，这样您可以先体验一下我们的晚间健身氛围，看看是否适合您。如果您觉得不错，以后可以考虑升级套餐。"

经过小王的耐心介绍和合理推荐，李先生最终决定购买非高峰时段套餐。

【场景解析】

在这个案例中，健身顾问小王的成功销售主要归功于以下三个策略：

一是深入了解客户需求和预算。通过询问，小王明确了李先生的预算限制，这使得他能够有针对性地推荐适合的套餐，避免了盲目推销高价产品导致客户直接拒绝的情况。

二是提供灵活的产品方案。针对李先生的预算，小王给出了非高峰时段套餐，这一方案既满足了李先生的价格需求，又合理利用了健身房的资源。当客户预算不足时，销售人员可以考虑调整产品的组合或服务内容，以提供更具性价比的解决方案。这种灵活性能够让客户感受到销售人员在为他们着想，增加客户对销售人员和产品的信任度。

三是增加额外价值。小王通过赠送晚间健身机会，进一步提升了套餐的吸引力。在客户对价格敏感的情况下，额外的优惠或赠品往往能够起到决定性的作用，使客户觉得自己得到了更多实惠，从而降低对价格的抵触情绪。

【金句】

1. 我理解您预算有限。我们这款产品的基础款价格亲民，功能虽然没有豪华款丰富，但完全能满足您的核心需求，性价比超高。

2. 张女士，我理解您的顾虑。为了更好地满足您的需求，能否请您详细说明您的预算范围？

3. 您的预算虽然有限，但我们可以根据您的实际需求，为您定制更合适的方案，例如先安装部分核心功能。

4. 我们可以根据您的预算，调整部分配置，在保证核心功能不变的情况下，降低整体成本。

5. 我们提供多种付款方式，例如分期付款，可以减轻您的资金压力。

6. 我们可以先安装一部分核心功能，再根据您的实际情况逐步添加其他功能，这样可以更好地控制您的预算。

7. 让我们来重新评估一下您的需求，看看哪些功能对您来说是最重要的，我们可以优先满足您的核心需求。

8. 我们可以为您提供一些额外优惠，例如免费安装、延长保修期等。

9. 我们的产品虽然价格略高，但其带来的长期价值和使用体验，远超价格本身。

10. 让我们一起分析一下，在您的预算范围内，我们可以实现哪些功能，并为您带来最大的价值。

4. 批量采购，希望给最大折扣

批量采购是许多企业降低成本的重要手段，客户在批量采购时往往要求得到尽可能大的折扣，这对于销售人员来说既是机遇，也是挑战。如果一味地追求最大折扣，可能会导致公司利润减少，甚至造成亏损；而态度过于强硬，则可能导致失去潜在的大客户。因此，销售人员需要学会从容得体地应对批量采购客户的"最大折扣"要求。

【经典案例】

李经理是某大型连锁餐饮企业的采购负责人，他计划采购一批环保可降解餐具。经过市场调研，他选择了"××××"公司生产的餐具，并与销售经理温东联系。李经理开门见山地说："我们计划一次性采购10万套餐具，希望您能给我们最大的折扣。"

温东说："这个不是不可以，但我们需要根据客户的具体情况来做决定。"他详细了解了李经理的具体需求，包括采购数量、交货时间、付款方式等。他发现李经理对价格非常敏感，但对其他方面并没有提出很高的要求。

基于这一点，温东没有直接答应最低折扣的要求，而是向李经理展示了公司的实力，包括生产规模、产品质量，以及完善的售后服务体系。同时，他详细解释了不同数量等级对应的折扣方案，并着重强调了大批量采购带来的成本优势，例如更低的生产成本、更便捷的物流等。

最终，温东根据李经理的需求提供了一个相对合理的折扣方案，既满足了李经理对价格的要求，又保证了公司的利润空间。双方顺利达成了合作协议。

【场景解析】

通常，客户要求"最大折扣"出于以下几个原因：一是成本控制，客户希望通过批量采购和折扣降低运营成本；二是竞争压力，客户可能面临市场竞争，需要降低产品成本以保持竞争力；三是谈判策略，客户可能以"最大折扣"作为谈判的筹码，争取更多优惠；四是对价格的敏感度，部分行业对价格非常敏感，例如快消品行业。

因此，销售人员应像上例中的温东一样，不能一上来就简单地满足客户对"最大折扣"的要求，而应该深入了解客户需求，并通过价值引导，让客户明白价格的合理性及合作带来的长期利益。仅仅关注价格的竞争往往只是低层次的竞争，更深层次的竞争在于价值创造。

【金句】

1.感谢您的信任和批量采购。为了更好地满足您的需求，请详细说明您的采购计划，包括数量、交货时间、付款方式等。

2. 我们会根据您的采购量提供相应的折扣优惠。我们有不同的折扣等级，您可以根据您的实际需求选择最合适的方案。

3. 我们公司拥有完善的生产体系和物流网络，大批量采购可以降低生产成本和物流成本，从而让您享受到更优惠的价格。

4. 您有意批量采购，是对我和公司最大的认可。我会尽最大努力向公司争取，在成本可控的情况下，给您最大的优惠。

5. 真心感谢您对我们产品的认可。只要您批量采购，我们肯定有优惠政策，不过具体折扣得按流程走，我这就去协调，一定尽快给您满意的答复。

6. 为了表示诚意，我们可以考虑在原有折扣的基础上，再给予您一定的额外优惠。

7. 我们可以提供灵活的付款方式，例如分期付款，以减轻您的资金压力。

8. 为了确保合作的顺利进行，我们可以签订长期合作协议，保证产品质量和供应稳定性。

9. 大批量采购不仅可以获得更低的单价，还能确保您在未来一段时间内拥有稳定的货源供应。

10. 请允许我与公司沟通一下，尽量为您争取到更优惠的价格，稍后我会给您答复。

5. 以产品或服务存在小瑕疵为由索赔式谈价

在交易中，客户常常会利用产品或服务中存在的小瑕疵作为谈判筹码，要求降低价格或索取赔偿。这类谈判策略看似刁难，实则反映了客户的价格敏感度和风险规避心理。对此，销售人员不可简单粗暴地拒绝，也不能一味妥协，而需要灵活运用沟通技巧，在满足客户合理诉求的同时，尽可能维护公司的利益。

【经典案例】

林先生订购了一套高端定制橱柜，总价为 5 万元。安装完成后，林先生发现其中一个橱柜门缝隙略微偏大约 1 毫米，虽然并不影响使用，但林先生以此为由，要求降低价格。

经理认真查看了问题，确认确实存在细微的缝隙，但并非严重的质量问题。他并没有直接拒绝林先生的要求，而是先肯定了林先生对细节的关注，并表示理解他的感受。同时，他向林先生详细解释了橱柜制作的工艺流程及可能的误差范围，并指出该缝隙属于可接受范围，不会影响橱柜的整体美观和使用寿命。

最后，为了表达歉意，他提出："我们可以提供免费的售后保养服务，例如一年内免费上门维护和清洁。"最终，林先生接受了经理的方案，没有继续要求降价。

【场景解析】

客户以小瑕疵为由进行索赔式谈价，主要有四个原因：一是寻求价格优惠，客户利用瑕疵作为谈判筹码，争取价格优惠；二是测试服务质量，客户通过反馈问题，测试公司的服务态度和解决问题的能力；三是不满意整体体验，小瑕疵可能是压垮骆驼的最后一根稻草，反映了客户对整体服务的不满；四是寻求补偿心理，即使瑕疵微小，客户也希望得到相应的补偿，以平衡心理预期。

在上述场景中，面对客户的"索赔"要求，经理沉着应对，先是给予积极的回应，再通过专业的解释和适当的补偿，化解了客户的不满。因此，销售人员需要认真对待客户的反馈，积极沟通，找出问题的症结，并采取合理的解决方案，避免小问题演变成大纠纷。

【金句】

1. 感谢您及时向我们反馈问题。请您详细描述一下您发现的问题，以便我们更好地了解情况。

2. 我们非常重视您的反馈，并对此表示歉意。请允许我们仔细检查一下，确认问题所在。

3. 我们理解您的感受，这个小瑕疵确实存在一些不足，但它并不影响产品的正常使用和整体美观。

4. 为了表达歉意，我们可以为您提供……（提供补偿方案，例如免费维护、折扣、赠品等）

5. 我们可以根据您的需求调整部分细节，以弥补这个小瑕疵。

6. 请问您希望我们如何解决这个问题呢？您可以提出建议，我们会尽力满足您的要求。

7. 这个小瑕疵在我们的质量控制体系中属于可接受的误差范围，但为了给您更好的体验，我们仍然会尽力改进。

8. 我们非常重视产品的质量，我们会认真吸取教训，并改进生产流程，避免再次出现类似问题。

9. 请问您对我们的服务和产品整体上还满意吗？除了这个小瑕疵，您还有其他建议吗？

10. 为了表达歉意，并感谢您的理解和支持，我们可以为您提供额外的优惠，例如……（再次提供补偿，提升客户体验）

6. 由于市场波动，客户要求重新议价

在瞬息万变的市场环境下，价格波动是常态。当市场发生剧烈波动时，客户常常会以市场行情变化为由，要求重新协商价格。简单地拒绝或

盲目让步都可能造成不利的后果。要想成功应对这种局面，销售人员需要具备专业的市场知识、灵活的谈判技巧及良好的沟通能力。

【经典案例】

客户："小王，你好！最近原材料价格上涨得厉害，我们的预算受到了很大影响。之前谈好的自动化设备采购合同，我们需要重新商议一下价格。"

销售经理："李总，您好！感谢您及时告知我们。市场波动确实对双方都产生了一定影响，我们也密切关注着市场行情变化。您能详细说明一下，哪些原材料价格上涨对您的预算造成了影响吗？"

客户："主要是钢材和芯片，价格都涨了至少15%。我们原本的预算已经捉襟见肘了。"

销售经理："李总，我理解您的顾虑。我们也注意到原材料价格的上涨，但我们之前签订合同的价格是基于当时的市场行情制定的。为了寻求一个双方都能接受的方案，我们可以一起分析成本构成，看看哪些方面可以进行调整。"

客户："那好吧，希望我们能够找到解决方案。"

销售经理："当然，李总。我们可以考虑一些方案，例如调整部分设备配置，或者分期付款等，我会尽快制定新的方案，并在明天上午给您答复。"

【场景解析】

在上述场景中，小王成功的关键在于他积极回应了客户的诉求，并引导客户共同寻找解决方案，而不是简单地拒绝或妥协。通常，客户要求重新议价，其背后可能的原因不仅仅是市场波动，还有其他原因，如可能利用市场波动作为借口，试图压低价格；希望通过重新议价获得更多优惠条件；通过重新议价测试公司的合作诚意和解决问题的能力；市场波动确实可能导致客户预算紧张，需要重新调整采购计划等。因此，销售人员需要全面分析情况，了解客户的真实需求，并根据实际情况灵活应对，同时还要顾及客户的合理诉求。

【金句】

1. 感谢您及时告知我们市场行情的变化。为了更好地了解您的需求，请您详细说明哪些因素影响了您的预算。

2. 我们也密切关注市场行情的变化，理解其有可能对双方合作产生影响。

3. 我们签订合同的价格基于当时的市场行情，但我们可以共同分析一下成本构成，看看有哪些调整的空间。

4. 我们可以考虑调整部分设备配置，在保证核心功能的前提下，降低成本。

5. 我们可以提供更灵活的付款方式，例如分期付款，以减轻您的资金压力。

6. 我们可以根据您的实际需求，制定新的报价方案，并提供相应的售后服务保障。

7. 为了维护长期的合作关系，我们愿意在合理的范围内，与您共同寻找双方都能接受的解决方案。

8. 我们会根据最新的市场行情重新评估成本，并尽快给您答复。

9. 市场波动是不可避免的，但我们相信通过沟通和协商，一定能够找到双赢的方案。

10. 为了感谢您的理解和支持，我们可以考虑在新的方案中，给予您一些额外的优惠。

7. 当新型号出现时，客户要求对旧产品降价

科技发展日新月异，产品更新迭代速度加快。当新型号产品上市后，客户常常会以旧型号产品价格过高为由要求降价。这对销售人员是一个不小的考验。为了巧妙应对这种局面，销售人员需要学会运用一些话术，在拒绝大幅降价的同时，尽量维护双方的良好关系。

【经典案例】

客户："小李，你好！我看到你们公司新推出了 X20 智能手机，配置比我之前订购的 X10 高很多，价格也只贵了一点点。我觉得 X10 的价格现在有点高了，你们能不能给我一个优惠价？"

销售经理："王先生，您好！感谢您对我们产品的关注。您说得没错，X20 是我们的新款旗舰机型，在配置和功能方面确实有了很大的提升。但是 X10 仍然是一款非常优秀的手机，它拥有稳定的性能和良好的用户体验，目前市场上还有很多用户在使用并给予好评。"

客户："可是现在 X20 都出来了，X10 的价格是不是应该相应降低一些呢？"

销售经理："王先生，我们理解您希望获得更优惠的价格。X10 的价格是根据其成本和市场定位制定的，目前并没有计划进行降价。但是为了感谢您的支持，我们可以为您提供一些其他优惠，例如赠送一些配件或者延长保修期。"

客户："那好吧，赠送一些配件也可以考虑。"

销售经理："好的，王先生，我们可以为您赠送原装手机壳和保护膜，您看这样可以吗？"

客户："没有问题。"

【场景解析】

在这个案例中，小李成功地化解了客户的降价要求，关键在于他既没有直接拒绝客户的要求，也没有盲目让步，而是通过提供其他优惠的方式满足了客户的需求。通常，客户在新型号出现后要求旧产品降价，主要出于以下几个原因：客户对价格非常敏感，希望获得更优惠的价格；认为旧型号产品价格应该随着新型号的出现而降低；希望获得更高的性价比，因此要求降价；可能在旧型号和新型号之间犹豫不决，希望通过降价来促成购买决策。所以，销售人员不能在客户一提出降价要求时就给出应对方案，而要先了解客户的真实想法与需求，再根据实际情况灵活应对。

【金句】

1.感谢您对我们产品的关注。请问您对旧型号产品还有哪些顾虑呢？

2.我们理解您希望获得更优惠的价格，但旧型号产品的价格是根据其成本和市场定位制定的。

3.旧型号产品仍然是一款非常优秀的产品，它拥有稳定的性能和良好的用户体验，并且性价比仍然很高。

4.虽然新型号产品在配置和功能方面有所提升，但旧型号产品也拥有其独特的优势，例如价格更亲民。

5.我们可以为您提供一些其他优惠，例如赠送配件、延长保修期或者提供一些额外的服务。

6.为了感谢您的支持，我们可以为您提供一个特殊的优惠价格，这个价格仅限于今天有效。

7.我们可以根据您的实际需求，为您推荐最合适的型号，帮助您做出最佳选择。

8.您可以考虑分期付款，这样能够减轻您的经济压力。

9.我们会在未来的促销活动中对旧型号产品进行降价促销，您可以关注我们的官方网站或微信公众号。

10. 为了感谢您的长期支持，我们可以为您保留旧型号产品的原价，并提供更优质的售后服务。

8. 希望得到和大客户一样的优惠价格

在商业谈判中，客户经常会以其他客户获得的优惠价格为参照，要求获得同样的优惠。直接拒绝可能导致客户流失，而轻易让步则可能损害公司利益。此时，销售人员需巧妙周旋，先肯定客户的精明，再深入剖析价格差异的原因，突出产品或服务的独特价值，探寻双方利益的平衡点，以达成共赢局面。

【经典案例】

张总："小赵，你好！我听说你们公司最近为×××集团开发了一套定制化软件，价格非常优惠，据说比我们之前谈的低了很多。我们也需要一套类似的软件，希望你们也能给我们同样的优惠价格。"

小赵："张总，您好！感谢您的信任和关注。我们确实为×××集团开发了一套定制化软件，不过这个优惠价格是基于他们的采购规模以及长期稳定的合作关系来确定的。他们的项目规模远大于你们的需求，且包含一些批量生产和定制化的特殊条款，因此价格方面会有所不同。"

张总："但我们也是长期合作的客户啊！"

小赵："张总，我特别理解您的想法。我们非常重视与您的长期合作关系。为了表示诚意，我们可以根据您的实际需求，为您提供一个更具竞争力的价格方案。请问您方便详细说明一下你们的具体需求和预算吗？"

张总："好的，我们的需求是……（详细描述需求）"

小赵："张总，请允许我根据您的需求重新制定报价方案，我会在明天上午之前给您答复。"

【场景解析】

在这个对话场景中，小赵面临着客户要求得到同等优惠价格的棘手问题。他首先诚恳地解释了给其他客户优惠价格的原因，即基于采购规模和特殊条款，而非区别对待。这体现了坦诚沟通的重要性，能够避免客户产生误解。接着，小赵迅速抓住客户在意长期合作这一点，表达重视并承诺提供更具竞争力的方案，成功缓和了气氛，引导客户阐述需求，为后续制定报价争取了主动。这展示了小赵灵活应变与把握客户心理的谈判技巧，为达成合作奠定了基础。

【金句】

1. 我们非常重视与您的合作，但大客户的价格优惠是基于其独特的采购规模和合作模式制定的。

2. 我们理解您希望获得更优惠的价格，请问您可以详细说明一下您的具体需求和预算吗？

3. 我们可以根据您的实际需求，为您量身定制更具竞争力的价格方案。

4. 为了感谢您的长期合作，我们可以为您提供一些其他优惠，例如延长保修期或提供免费的培训服务等。

5. 大客户的价格优惠往往包含一些额外的服务和支持，这些服务并非适用于所有客户。

6. 我们可以根据您的采购量和合作周期，为您提供阶梯式的价格优惠。

7. 请您理解，我们为不同客户制定的价格策略有所不同，这取决于多种因素，包括采购规模、合作周期及项目复杂程度等。

8. 为了表达合作的诚意，我们可以尝试在一定范围内调整价格，但要确保在不影响公司利润的前提下进行。

9. 我们可以根据您的具体需求，为您提供详细的报价清单，其中会列明所有费用和服务内容。

10. 我们非常珍惜与您的合作，希望通过沟通和协商，我们能够找到双方都愿意接受的方案。

9. 接受价格，但要求增加额外的服务

经常发生这样的情况：接受价格后，客户还会提出增加额外服务的要求。这是一种常见的谈判策略。此时，客户或许觉得已在价格上达成一致，因而想进一步拓展利益边界，挖掘更多的附加价值。对于销售人员而言，这是一个微妙的时刻，既要守住公司的服务成本底线，又要满足客户的合理诉求，确保客户满意度，这要求销售人员必须在公司与客户之间找到精准的平衡点，并展现出高超的沟通技巧。

【经典案例】

客户："小陈，我们基本接受了你们的报价。但是，我们希望你们能提供免费的网站维护服务，至少一年。"

小陈："王总，您好！非常感谢您对我们服务的认可。我们提供的报价已经包含了基本的网站建设和上线服务。免费的年度维护服务通常针对更高的服务套餐，它包含了更多的功能和更全面的技术支持。"

客户："可是我们这次的预算有限，如果增加维护服务，就得重新考虑预算。"

小陈："王总，我理解您的顾虑。我们可以根据您的预算和需求，为您制定更灵活的维护方案。例如，我们可以提供基础的维护服务，并以优惠的价格提供一些额外的维护项目，您看这样可以吗？"

客户："可以详细说说吗？"

小陈："好的，基础维护服务包括日常故障排除和安全漏洞修复，价格是……而额外的维护服务，例如定期备份和数据恢复服务，价格是……您可以根据实际需求，挑选最适合您的方案。"

【场景解析】

在这个场景中，客户在接受报价后试图争取免费的网站维护服务，小陈巧妙回应，先说明免费维护服务对应的是更高的套餐。随后，在了解客户预算有限后，小陈提出可以根据预算和需求制定更灵活的维护方案，包括基础维护和额外维护项目，并介绍了不同维护的价格。小陈引导客户根据实际情况选择，展现出良好的谈判应对能力和对客户需求的尊重。在满足客户部分需求的同时，也保障了公司的利益与服务价值的合理体现，为达成双方满意的合作结果迈出了关键一步。

【金句】

1. 感谢您对我们服务的认可。我们提供的报价已经包含了基本的……服务。您所要求的额外服务，通常针对更高等级的服务套餐。

2. 为了更好地了解您的需求，请问您希望我们提供哪些额外的服务呢？

3. 我们可以根据您的预算和需求，为您量身定制更灵活的服务方案。

4. 我们可以将部分额外服务以优惠的价格添加到您的现有方案中。

5. 我们也可以为您提供一个分阶段的服务方案，先完成核心功能，再逐步增加其他服务。

6. 为了表达诚意，我们可以免费提供一些基础的额外服务，例如……（提供部分免费服务）

7. 我们可以将部分额外服务打包成一个更经济实惠的套餐，供您选择。

8. 您所要求的额外服务需要增加额外的成本和人力资源，这会影响到最终的价格。

9. 为了确保项目顺利进行和后期维护的效率，我们建议您选择更全面的服务套餐。

10. 我们可以先完成核心功能的建设，在项目验收之后，再根据您的实际需求和反馈，制定后续的维护方案。

10. 以"长期合作"为由要求降价

在价格谈判中，"长期合作"常常被客户作为争取价格优惠的筹码。这一诉求背后蕴含着客户复杂的心理预期与商业谋划。他们期望通过承诺长期合作，换取当下的价格让步，以降低采购成本，提升自身的经济效益。销售人员要学会巧妙地采取谈判策略，在满足客户价格诉求的同时，确保公司利益不受损。

【经典案例】

客户："小牛，你们的报价我们比较满意，但我们希望能够长期合作。考虑到未来的长期合作，能否在价格方面给予我们一些优惠？"

小牛："侯经理，您好！感谢您对我们公司的认可，也感谢您对我们长期合作的期许。我们非常重视与您的合作，也希望能够与您建立长期的伙伴关系。但我们的报价已经充分考虑了成本、市场行情及我们提供的各项服务，这是能够给您的最优惠的价格。"

客户："但是，我们也看到其他公司给出的价格比你们低一些。"

小牛："侯经理，价格只是合作的一个方面，更重要的是我们提供的服务和质量。我相信您也重视长期合作的稳定性和可靠性。我们提供的不仅仅是软件，更是全方位的技术支持和售后服务。其他公司的低价背后可能隐藏着一些风险，例如服务质量下降或后期维护成本增加。"

客户："那您能给我们一些具体的优惠方案吗？"

小牛："侯经理，我们可以根据您对长期合作的具体规划，例如未来几年的采购量和项目规模，制定更具竞争力的价格方案。我们也可以考虑接受分期付款或其他灵活的支付方式。"

【场景解析】

在这个场景中，客户以长期合作为由要求小牛所在公司降低价格，这是常见的谈判手段。小牛首先感谢了客户的认可和长期合作的意愿，同时强调了当前报价的合理性，基于成本与服务的综合考虑，坚守了公司的价格底线。

客户以长期合作谋求价格优惠是一种常见策略。这反映了客户追求成本效益最大化的商业思维，同时也考验着销售人员的谈判智慧。

一方面，销售人员需要深入了解自身产品或服务的价值定位，包括质量、技术、售后等方面的优势，以便在谈判中清晰地向客户阐述，使客户认识到价格与价值的匹配性。另一方面，销售人员要善于根据客户的长期合作意向，挖掘潜在的合作空间和业务增长点，如通过增加采购量、拓展合作领域等方式，为给予客户一定的价格优惠找到合理依据，实现双方利益的平衡与共赢。

【金句】

1. 感谢您认可我们公司和产品，我们也希望能够与您建立长期稳定的合作关系。我们的报价已经充分考虑了成本、市场行情和我们提供的各项服务。

2. 为了更好地了解您的需求和长期合作计划，您可以详细说明一下未来几年的采购量和项目规模吗？

3. 我们可以根据您的长期合作计划，制定更具竞争力的价格方案，例如接受分期付款或其他灵活的支付方式。

4. 价格只是合作的一个方面，更重要的是我们提供的服务质量和技术支持，以及我们对长期合作的承诺。

5. 我们非常重视与您的长期合作，但低价可能会影响我们的服务质量和项目进度。

6. 我们可以为您提供一些额外的增值服务，例如优先服务、专属客户经理等，以弥补价格上的差异。

7. 我们可以根据您的采购量提供阶梯式的价格优惠，采购量越大，优惠幅度越大。

8. 请您理解，我们的定价策略是基于成本、市场行情和服务质量而制定的，并非一概而论。

9. 我们相信长期合作应该建立在互惠互利的基础上，而不是开展单纯的价格竞争。

10. 为了表达对长期合作的诚意，我们可以尝试在一定范围内调整价格，但需要在不影响公司利润的前提下进行。

第八章
客户跟进：快速引导客户
订单的转化

　　从初次接触后的持续沟通，到精准把握客户的购买意向波动，每一次跟进都是一次机遇的叩门。因此，销售人员需要学会巧妙运用策略与技巧，在恰当的时机向客户施加恰到好处的影响力，并能够解读客户释放的微妙信号，做到化解疑虑、激发兴趣，从而加速订单的转化进程。

1. 客户表示有兴趣，但没了下文

客户表示有兴趣后却没了下文，这是销售过程中极为常见且令人头疼的情况。其背后可能隐藏着客户内心深处的种种顾虑、犹豫，或是被其他繁杂事务暂时冲淡了购买意愿。销售人员要学会精准把握客户的心理动态，采取有效的跟进策略，一步步将客户潜在的兴趣转化为实际的订单。

【经典案例】

销售人员："李总，您好！上次给您介绍了我们公司的新款智能办公系统，您当时表现出浓厚的兴趣，我想了解一下您这边目前考虑得怎么样了呢？"

客户："哦，小吴啊，是这样的，我最近确实比较忙，还没来得及仔细研究你们的产品呢。"

销售人员："李总，我理解您工作繁忙。这款办公系统真的非常符合您公司的业务需求，它不仅能提高办公效率，还能降低人力成本，很多像您这样的企业都已经从中受益了。您看您大概什么时候有时间，我可以再给您详细介绍一下，或者安排一次产品演示，让您更直观地感受它的优势。"

客户："嗯，再说吧，我这会儿还有个会要开，先这样啊。"

【场景解析】

在这个场景中，客户起初对产品表现出兴趣，但后续却陷入了无回应的状态。这可能是由于客户在日常工作中被各种事务缠身，暂时将购买计划搁置一旁；也有可能是客户虽然认可产品的部分优势，但仍在权衡其他竞争对手的产品，尚未做出最终决策；或者是销售人员在初次沟通后，没有及时、有效地跟进，导致客户的兴趣逐渐冷却。

从客户的心理角度来看，他们在做出购买决策时往往比较谨慎，尤其是对于企业级的产品或服务，需要考虑多方面因素，如预算、适配性、投资回报率等。销售人员如果不能深入了解客户的这些潜在顾虑，并针对性地提供解决方案，就很容易让客户的购买意向陷入停滞。

此外，市场环境的复杂性也可能导致客户的注意力被分散。竞争对手的不断推广、行业动态的变化等，都可能使客户在原本感兴趣的产品面前犹豫不决，甚至转向其他选择。

【金句】

1. 我知道您很忙，但我们这款产品真的能为您的企业带来很大的价值。我可以把详细的产品资料和一些成功案例整理好发给您，您在空闲的时候看看，有任何疑问可随时联系我。

2. 您之前对我们的产品感兴趣，是不是最近有什么新的情况或者顾虑呢？您可以跟我说说，也许我能帮您解决。

3. 我们这款产品最近又更新了一些功能，更加贴合您这样的企业需求了。我想找个时间跟您详细讲讲，明天或者后天您方便吗？

4. 我理解您还在考虑，要不我给您提供一个免费的试用机会，让您亲自体验产品的效果，这样您做决策也更有依据。

5. 您是不是在对比其他家的产品呢？我可以帮您分析一下我们产品和其他竞品的优势，这样您能更明智地做出选择。

6. 针对像您这样有兴趣但还在犹豫的客户，我们公司最近推出了一些特别的优惠政策和增值服务，我跟您详细说说吧。

7. 您看您之前关注的产品优势，其实只是冰山一角，还有很多隐藏的亮点我还没来得及跟您介绍呢。要不我现在花几分钟给您讲讲？

8. 我知道您可能担心投资回报率的问题，我们可以一起算一笔账，看看使用我们的产品后，您能在多长时间内收回成本并获得收益。

9. 我觉得您是很有眼光的，所以才对我们的产品感兴趣。为了不耽误您的时间，我可以直接带技术专家去您公司，现场为您解答任何技术方面的疑问，您看怎么样？

10. 您是不是还在等待合适的时机呢？其实现在就是很好的时机，我们的产品库存充足，而且能马上为您安排安装，并进行员工培训，让您的企业迅速提升效率。

2. 多次联系客户，却未得到回复

多次联系客户却未得到回复，是销售人员经常遇到的棘手问题。面对多次联系客户却未得到回复的情况，销售人员需要保持耐心和积极性，灵活运用各种沟通技巧，最终提高销售转化率。毕竟，销售不仅仅是卖产品，更是销售服务和建立信任。尊重客户，理解客户，是成功的关键。

【经典案例】

销售经理："（电话）您好，张先生，我是小张，来自×××智能家居公司，之前给您发过关于我们智能家居系统的资料，请问您方便接听电话吗？（对方挂断电话）"

销售经理："（短信）张先生，您好！我是小张，之前联系过您，关于我们的智能家居系统，想请问您是否有时间沟通一下呢？（未回复）"

销售经理："（微信）张先生，您好！之前给您发过关于智能家居系统的资料，请问您对我们的产品感兴趣吗？如有任何疑问，欢迎随时联系我。（未回复）"

销售经理："（电子邮件）张先生，您好！我们理解您可能比较繁忙，但希望您能抽空了解一下我们最新的智能家居系统，它能为您提供更便捷舒适的居家体验……（附带产品资料和联系方式）"

【场景解析】

在这个场景中，销售经理通过电话、短信、微信和电子邮件等多种方式多次尝试联系客户张先生，以推销公司的智能家居系统，但均未得到客户的回复。销售经理的每一次沟通都礼貌且明确地提及了产品，试图引起客户的兴趣并开启对话，但所有的努力都如石沉大海，没有得到任何来自客户的反馈。

从客户的角度看，可能有三个原因：一是信息过载。张先生可能已经被各种广告和推销电话淹没，从而对销售经理的联系产生了本能的抵触或忽视；二是时机不佳。例如正在开会、处理紧急事务或者刚结束一天疲惫的工作，没有精力回应销售信息；三是缺乏兴趣。在初步了解后觉得该产品不符合自己的需求，所以选择不回复以避免进一步的纠缠。

从销售经理的角度看，可能存在两个问题：一是沟通方式不当。虽然使用了多种联系方式，但在内容上缺乏针对性和吸引力；二是跟进频率有问题。过于频繁地跟进可能会让客户感到厌烦，而如果间隔时间过长，又可能导致客户遗忘之前的沟通内容。

【金句】

1. 验证信息准确性：首先要核实客户的联系方式是否准确，确保信息能够送达。

2. 更换沟通方式：尝试不同的沟通方式，例如电话、短信、邮件、微信等，找到客户更容易接受的方式。

3. 发送更精简的信息：避免长篇大论，用简洁明了的语言概括产品的主要卖点和价值。

4. 提供个性化信息：根据客户的行业、需求等，提供更精准和个性化的信息。

5. 提出具体问题：不要泛泛而谈，提出一些具体问题，引起客户的回应。例如："您对智能家居系统中的哪些功能比较感兴趣？"

6. 提供案例或证据：提供一些成功的案例或真实的数据，增强信息的可信度和吸引力。

7. 设置后续联系时间：在信息中明确说明后续联系的时间，例如："请问您明天上午方便接听电话吗？"

8. 提供多种选择：给客户提供多种选择，例如不同的产品套餐或服务方案。

9. 礼貌地再次尝试：过一段时间后，可以再次尝试联系客户，但要避免过于频繁。例如："张先生您好，打扰您一下，之前联系过您关于智能家居系统的事情，不知您是否已经考虑好了？"

10. 尊重客户意愿：如果多次联系后仍然没有得到回复，应尊重客户的意愿，避免过度打扰。

3. 对客户曾提及的特殊需求给予答复

在销售中，及时有效地回应客户提出的特殊需求，是赢得客户信任和促成交易的关键。客户提出的特殊需求，往往反映了他们的个性化需求和潜在的顾虑。忽视这些需求，可能会导致客户流失；而恰当的回应，则能展现销售人员的专业性和服务意识，提升客户满意度，最终促成交易达成。

【经典案例】

客户："丽丽，你们的软件功能很不错，但我们希望能够在报表模块增加自定义图表的功能，这个功能对我们的数据分析非常重要。"

丽丽："李总您好，感谢您对我们软件的认可，也感谢您提出的宝贵建议。关于您希望在报表模块增加自定义图表功能的需求，我们已经认真考虑了。"

客户："请问这个功能你们能够实现吗？需要增加多少费用？"

丽丽："李总，这个功能我们是可以实现的，但它涉及一定的开发工作量。我们技术团队评估后认为，增加这个自定义图表功能大约需要增加 ×× 元的开发费用，工期大约是 ×× 天。我们会提供详细的设计方案和开发进度表，确保您能及时了解项目的进展。您看这样安排是否满意？"

客户："嗯，这个方案我考虑一下。"

丽丽："好的，李总，如果您有任何疑问，随时可以联系我，我会尽力为您解答。我们也愿意为您提供更详细的技术说明和演示，帮助您更全面地了解这个功能。"

【场景解析】

在这个案例中，丽丽针对客户提出的需求，做出了及时且专业的回应。她能够迅速与技术团队沟通，获取准确的开发信息并反馈给客户，充分体现了出色的业务协调能力以及对客户需求的深切重视。

同时，她主动提出为客户提供详细设计方案和进度表，还有更深入的技术说明和演示，展现了积极的服务态度。这不仅是在销售产品，更是在为客户提供全面的解决方案，有助于消除客户在技术实现和项目管理方面的顾虑，进而提高合作的可能性。

【金句】

1. ×× 先生（女士），感谢您提出宝贵的建议，我们会认真考虑您的需求。

2. 为了更好地了解您的需求，可以详细说明一下您希望实现的功能吗？

3. 我们技术团队会对您的需求进行评估，并尽快给您答复。

4. 这个功能我们是可以实现的，但可能需要增加一些开发成本和时间。

5. 我们可以为您提供详细的设计方案和开发进度表，确保您能够及时了解项目的进展。

6. 为了更好地满足您的需求，我们可以为您量身定制一个解决方案。

7. 我们可以先开发一个小的原型，让您提前体验这个功能。

8. 如果您对价格或时间安排有任何疑问，欢迎随时联系我们。

9. 我们会尽力满足您的需求，但要以不影响项目整体进度和质量为前提。

10. 我们将根据您的需求制定一个详细的方案，并与您协商最终的价格和时间安排。

4. 发送了样品，希望得到反馈

发送样品是促进交易的一个重要环节。样品能够让客户更直观地了解产品的质量、功能和特性，从而提高客户的购买意愿。然而，仅仅发送样品并不足以保证交易的成功，及时有效的后续跟进和反馈收集至关重要。发送样品后，如果客户没有及时给予反馈，销售人员需要采取有效措施，积极促成沟通，了解客户的真实想法，并根据反馈调整销售策略。

【经典案例】

销售经理："王总您好，我们之前约定寄送的环保包装材料样品您已经收到了吧？请问您对样品的质量和性能感觉如何？"

王总："收到了，小李，谢谢。我这边正在测试中，等测试结果出来再联系你吧。"

销售经理："好的，王总，理解。请问您大概什么时候能够完成测试？这样我们可以更好地安排后续的沟通和服务。"

王总："嗯……大概一周吧，到时候我再给您回复。"

销售经理："好的，王总，我们会在您方便的时候联系您。在此期间，如果您有任何问题或需要进一步了解产品信息，随时可以联系我。"

【场景解析】

在这个案例中，销售经理小李在客户收到样品后进行了积极的跟进，并了解了客户的测试进度。但客户的反馈比较笼统，这意味着销售人员需要进一步努力。

比如，间隔三五天，再次联系客户，询问关于样品测试中更具体的情况，可以这样询问："您提到测试效果整体还行，我想了解一下，在具体的功能×、功能×等方面，有没有特别满意或者不太满意的地方呢？我们可以针对这些细节进行优化和改进。"通过这种方式，引导客户给出更具指向性的反馈，从而明确产品的优势和可能存在的问题。

或者根据以往客户的反馈和常见的产品改进方向，提前准备一些可能的解决方案。当再次与客户沟通时，说："我们考虑到在产品使用过程中可能会出现一些潜在问题，针对这些情况，我们已经有了相应的解决方案，比如……不知道您在测试中有没有遇到类似的问题，我们可以一起探讨如何更好地满足您的需求。"这种主动提供解决方案的方式，既展示了公司的专业度和责任心，也有助于消除客户对可能存在问题的顾虑。

总之，销售人员需要根据不同的情况采取不同的应对策略。

【金句】

1. 王总您好，请问您之前收到的样品测试情况如何？我们想了解一下您的使用体验。

2. 我们了解您可能比较繁忙，请问您方便抽空与我们沟通一下样品测试的结果吗？

3. 您好，我们之前寄送的样品是否符合您的预期？如有任何疑问，请随时联系我们。

4. 赵总您好，为了更好地了解您的需求，我们想了解一下您在测试过程中遇到的问题。

5. 您好，请问您大概什么时候方便告知我们样品测试的结果？以便我们更好地安排后续工作。

6. 我们公司提供专业的技术支持，如果您在测试过程中遇到任何问题，欢迎随时联系我们。

7. 我们非常重视您的反馈，您的意见对我们改进产品至关重要。

8. 我们理解您可能需要时间来评估样品，但希望您能够尽快给我们反馈，以便我们更好地为您服务。

9. 您好，为了方便您评估，我们能否安排一次线上或线下会议，详细沟通您的测试结果和后续合作计划？

10. 您好，感谢您抽出时间测试我们的样品。我们期待您的反馈，这将帮助我们更好地改进产品，并为您提供更优质的服务。

5. 节日或特殊时期表达客户关怀

建立良好的人际关系，提升客户体验，是企业持续发展的关键。节日或特殊时期，正是表达客户关怀、增强客户黏性的绝佳时机。通过一些细致的关怀举措，可以有效提升客户满意度，加深客户对企业的印象，从而促进长期合作关系的建立。

【经典案例】

销售："王总您好，中秋佳节将至，祝您和家人中秋快乐，阖家幸福！"

王总："谢谢小张，你也节日快乐！"

销售："王总，我们公司为长期合作的客户准备了一份小小的中秋礼品，以感谢您一直以来的支持。方便留下您的地址吗？我们将尽快安排寄送。"

王总："哦，真是太感谢了！好的，我的地址是……"

【场景解析】

在这个案例中，销售经理小张在中秋节主动联系客户，表达节日问候，并送上节日礼品，有效地提升了客户满意度，增强了客户对公司的良好印象。

在节日或特殊时期表达客户关怀，可以采取多种方式，例如发送节日问候，通过电话、短信、邮件等方式向客户表达节日问候；赠送节日礼品或小礼品，表达感谢和祝福；提供优惠活动，在节日推出专属优惠活动，回馈客户；开展主题活动，举办与节日相关的主题活动，邀请客户参与；表达个性化问候，根据客户的喜好和需求，准备个性化的问候和礼物。

选择合适的表达方式，需要考虑客户的特征、行业特点及企业文化等因素。有效的客户关怀不仅能提升客户满意度，而且能增强客户忠诚度，提高品牌美誉度。

【金句】

1. 尊敬的×××先生（女士），您好！值此佳节（特殊日子）之际，我谨代表公司全体员工祝您节日快乐（一切顺利）！

2. 我们公司为感谢您一直以来的支持，特地准备了一份小小的礼物/优惠活动，希望您喜欢！

3. 请问您最近工作/生活一切顺利吗？有什么需要我们帮助的地方吗？

4. 我们了解到您最近正在关注××方面，我们公司新推出了×××产品，也许能帮到您。

5. 祝您及家人节日快乐/身体健康！希望您在节日里拥有美好的时光！

6. 感谢您一直以来对我们公司的信任和支持，我们会继续努力为您提供更优质的产品和服务。

7. 为了感谢您的长期合作，我们特地为您准备了 ×××× 专属优惠，有效期至 ××××。

8. 我们公司即将举办 ××× 活动，诚挚邀请您参加，届时会有精彩的活动和丰厚的奖品。

9. 请问您对我们公司有什么建议或意见吗？您的反馈对我们非常重要。

10. 我们非常珍惜与您的合作关系，希望未来能够继续为您提供更优质的服务。

6. 竞争对手介入，客户态度摇摆不定

客户的犹豫和迟疑，往往源于对产品、服务、价格等方面的顾虑，也可能因为竞争对手的策略而受到影响。此时，销售人员需要保持冷静，积极应对，通过有效的沟通和策略，重新赢得客户的信任。

【经典案例】

小赵："李总您好，我们之前讨论的云存储方案您考虑得怎么样了？"

李总："小赵啊，最近另外一家公司也给我们提供了方案，他们的价格比你们低一些。"

小赵："李总，感谢您告知。请问您能方便告知竞争对手方案的具体内容吗？这有助于我们更好地了解您的需求，并为您提供更合适的解决方案。"

李总："他们主要是在价格上更有优势，其他的功能和服务跟你们差不多。"

小赵："李总，价格固然重要，但更重要的是产品的稳定性、安全性及长期的服务支持。我们公司在云存储领域不仅拥有多年经验，而且拥有

强大的技术团队和完善的服务体系，能够确保您的数据安全，也确保您业务稳定运行。您看，我们可以从服务和长期价值的角度，更深入地探讨一下。"

【场景解析】

在这个场景中，客户李总因竞争对手的低价方案而态度摇摆，这是销售过程中常见且棘手的情况。从客户角度来看，价格敏感是其表现出犹豫的直接原因。在商业决策中，成本控制是重要考量因素，竞争对手的低价策略成功吸引了客户的注意力，使其对原有的选择产生动摇。同时，客户将竞争对手的方案与小赵公司的方案进行了简单对比，认为功能和服务"差不多"，这反映出客户在评估方案时可能尚未深入了解各方案的细节差异，只是基于初步印象和价格因素做出判断。

站在销售人员小赵的角度看，他的应对展现出一定的专业性和策略性。首先，他冷静地询问竞争对手方案的具体内容，这是一种积极的信息收集行为，有助于他更精准地把握客户的需求和关注点，从而为后续的沟通提供有力依据。接着，他迅速将谈话重点从价格转移到产品的稳定性、安全性及长期服务支持上，这是基于对自家公司优势的清晰认知而做出的明智之举。通过强调这些关键价值点，小赵试图引导客户重新审视决策标准和依据，认识到在云存储业务中，单纯的价格优势可能无法保障业务的持续稳定运行，而长期价值和可靠的服务才是更为关键的因素，以此削弱竞争对手的价格优势产生的影响，重新赢得客户的信任和青睐。

总之，在竞争对手介入导致客户态度摇摆的情况下，销售人员既要敏锐地捕捉到客户的关注点，认识到竞争对手的优势，又要通过深入、具体且有针对性的沟通，充分展示自家产品或服务的独特价值，这样才能在竞争中胜出。

【金句】

1. 李总，感谢您告知。您能具体说说竞争对手方案的优势在哪里吗？

这有助于我们更好地了解您的需求。

2. 价格固然重要，但更重要的是产品的质量、稳定性和长期的服务支持。

3. 我们公司拥有多年的经验和强大的技术团队，能够更好地保障您的数据安全，也保证您的业务稳定运行。

4. 与竞争对手相比，我们的产品在×××方面具有明显的优势，能够更好地满足您的需求。

5. 我们可以根据您的实际需求，为您量身定制一个更合适的方案。

6. 相较于对手，我们可以提供更完善的售后服务和技术支持，确保您在使用过程中能够得到及时帮助。

7. 我们愿意在一定范围内调整价格，以满足您的需求，但要以不影响公司利润为前提。

8. 为了表达诚意，我们可以提供一些额外的优惠政策，例如……

9. 我们可以提供案例分析，向您展示我们产品的实际应用效果和客户评价。

10. 张总，希望您能再给我们一次机会，让我们更详细地向您介绍我们的产品和服务，相信您会做出最明智的选择。

7. 约定沟通时间，客户爽约

在跟进客户的过程中，客户爽约的情况时有发生，这不仅浪费了销售人员的时间和精力，更可能影响到最终的交易结果。面对客户爽约，销售人员需要保持冷静，积极应对，及时了解客户爽约的原因，并采取有效的补救措施。

【经典案例】

小英："张总您好，我们约好今天下午两点沟通智能办公设备方案，请问您现在方便吗？"

张总："小英啊，不好意思，我这边临时有个紧急会议，今天下午恐怕没时间了，改天再联系吧。"

小英："张总，理解。如果可以的话，能否告知一下您明天或者后天哪段时间比较方便？这套方案我们已经根据您的需求做了调整，希望能够尽早与您沟通确认。"

张总："明天上午比较困难，后天上午看看吧，我再跟您确认。"

小英："好的。"

【场景解析】

在这个客户跟进案例中，小英的跟进存在以下几点不当之处：

首先，缺乏提前确认。小英虽然与张总有约，但她在临近约定时间才联系客户确认，没有提前一天甚至更早再次确认客户的时间安排，导致客户因临时紧急会议而爽约，这显示出小英在时间管理和预约跟进流程上不够严谨。如果能提前确认，或许可以提前得知客户时间有变，从而调整沟通计划，避免浪费双方的时间和精力。

其次，被动等待回复。当张总提出后天上午再确认时，小英只是简单地回复"好的"，没有进一步询问具体的确认方式和时间节点，处于较为被动的等待状态。这可能会导致沟通延迟。如果张总工作繁忙忘记确认，小英可能会再次错过与客户进一步沟通的时机，延长销售周期。

再次，未展示方案价值。在客户提出时间有变时，小英只是强调已经根据需求做了调整，却没有简要提及调整后的方案亮点或者价值，没有抓住机会再次激发客户对方案的兴趣和期待，使得这次沟通没有为后续的交流起到很好的铺垫作用，不利于保持销售推进的动力。

【金句】

1. 刘总您好，我们约好今天下午两点沟通，请问您现在方便吗？如果有什么变动，请您提前告知我，以便我们调整安排。

2. 王董，我理解您可能临时有紧急事情。能否告知一下您明天或者后天哪段时间比较方便？

3. 张总，我们非常重视这次沟通，能否了解一下您爽约的原因？这有助于我们更好地为您服务。

4. 周老板，我们已经根据您的需求对方案做了调整，希望尽早与您沟通确认，以便您能尽快做出决策。

5. 陈哥，为了不耽误您的时间，我们能否将沟通内容以邮件或其他方式提前发送给您？您方便时可以先浏览一下。

6. 夏总，我们理解您可能比较繁忙，但希望您能尽快安排时间与我们沟通，因为这关系到项目的顺利推进。

7. 我们非常重视您的意见，如果方便的话，我们可以调整沟通方式，例如电话沟通或视频会议。

8. 叶总，我们公司提供专业的技术支持和售后服务，如有任何疑问，随时欢迎您联系我们。

9. 感谢您的理解，我们会持续关注您的需求，并在您方便的时候再次联系您。

10. 为了表达歉意，我们会在您下次购买我们的产品时给予一定的优惠。

8. 客户对产品功能有新的疑问

在客户跟进过程中，时常会出现这样的情况：客户一反常态，对产品功能提出新的疑问。这既体现了客户对产品的认真考量，也反映了销售人员在前期沟通中可能存在不足之处。要消除客户的疑虑，销售人员不能只是简单地回答客户的问题，而需要深入了解客户的需求，并结合产品的实际功能，为客户提供专业的解答和个性化的解决方案。

【经典案例】

小李："王总，您好！我是之前向您介绍智能安防系统的小李，最近您考虑得怎么样了？"

王总："小李啊，我本来挺感兴趣的，但是我突然想到一个问题，你们这个系统的夜间监控效果到底怎么样？我看有些类似的产品在夜间画面清晰度不高，而且有容易漏报的情况。"

小李："王总，这您放心。我们的系统采用最新的红外高清摄像头技术，即使在完全黑暗的环境下，也能清晰捕捉到画面细节，而且配备了智能动态监测算法，可有效降低漏报率。对于咱们小区周边的照明情况，我们进行过实际测试，夜间的监控画面能精准识别人员和车辆活动，完全满足安防需求。我这里还有一些实际的夜间监控视频片段，您可以看看效果。另外，如果您对任何特定的区域或者场景心存担忧，我们还可以根据您的需求进一步优化摄像头的安装位置和参数设置，确保无死角、无盲区。"

王总："哦？那你给我详细说说这个优化方案吧。"

【场景解析】

在这个场景中，客户王总对产品（智能安防系统）提出了关于夜间监控效果的新疑问。这表明客户在深入思考产品是否能真正满足其实际需求，也反映出客户对安防这一关键功能的重视。

销售人员小李的应对有可圈可点之处。

首先，他没有回避问题，而是迅速且专业地解答，详细阐述了产品所采用的先进技术，如"红外高清摄像头技术"和"智能动态监测算法"，并结合实际测试情况（如在小区周边照明条件下的效果），用具体的实例增强说服力，让客户能够更直观地了解产品的性能优势。

其次，他主动提出有实际的监控视频片段可供查看，进一步增强了客户的信任度。

再者，小李展现出灵活性和以客户为中心的服务意识，针对客户可能存在的特殊需求，提出可以根据具体场景优化摄像头的安装位置和参数设置，为客户提供了个性化的解决方案，从而将客户的疑问转化为进一步沟通和展示产品优势的机会，引导客户继续深入了解产品，增强了达成销售的可能性。

当然，小李的回答并非完美无缺。在提及技术和解决方案时，小李使用了一些专业术语，虽然能够体现专业性，但对于非技术背景的客户来说，理解起来可能有一定难度，如果能适当辅以更通俗易懂的解释，效果也许会更好。

【金句】

1. 王总，您提出的问题非常重要，这体现了您对我们产品的重视。请详细说明一下您的疑问，以便我们能更好地为您解答。

2. 感谢您提出这个问题，这让我们有机会更深入地向您介绍产品的特性。

3. 您说的这个问题，我们已经在产品设计中充分考虑到了……（详细解释）

4. 为了更清晰地解答您的疑问，我们可以通过演示或实际操作向您展示……

5. 赵总，除了您提到的功能之外，我们的产品还具备……功能，这可以更好地满足您的需求。

6. 您拿这个功能和其他产品对比，说明您真的做足了功课，眼光很独到！其实相较于竞品，我们这个功能的独特之处在于……您这么一看，高下立判。

7. 您提出这个疑问，是不是在使用类似产品或处理相关业务时，遇到过××××（猜测客户痛点场景）的困扰呀？其实，我们这个功能正是为了解决这类问题而生的。

8. 如果我理解有误，请您随时更正。我们会尽力满足您的所有需求。

9. 我会将您的问题记录下来，并将详细的解答以邮件的方式发送给您。

10. 汪总，感谢您的耐心提问，我们会继续努力改进产品，以更好地满足您的需求。

9. 通过客户试用产品，了解他们的体验与意见

在客户跟进过程中，销售人员需要扮演好引导者和倾听者的角色，积极引导客户试用产品。在试用产品之后，如果客户提出一些出人意料的意见，销售人员不能慌乱，而应深入探寻客户意见背后的真实需求，将客户的不满转化为产品改进的方向。

【经典案例】

何嘉："李总，您好！您试用我们新型智能投影仪后感觉如何？有什么问题或者建议吗？"

李总："小何啊，这款投影仪画质确实不错，亮度也很高。不过，我发现遥控器的按键有点小，用起来不太方便。另外，说明书上的操作说明不够详细，有些功能不太容易上手。"

何嘉："李总，感谢您的宝贵意见！关于遥控器按键，我们会认真考虑改进设计，争取做得更人性化。关于说明书，我们会尽快更新，增加更详细的操作步骤和图解说明。您还有其他的建议或反馈吗？"

【场景解析】

在这段对话中，何嘉的回应存在一定不足之处。当客户提出问题后，

虽然他表达了感谢并承诺改进，但缺乏进一步的主动沟通。

例如，对于遥控器按键问题，他没有深入询问李总具体是哪些操作因为按键小而不便，这使他对问题的理解停留在表面，可能导致改进措施无法精准满足客户的需求。对于说明书问题，他只是说更新增加内容，却未询问李总在操作上对哪些功能存在疑惑，以便在新说明书中重点突出这些部分的解释。

正确的做法应该是，在客户提出问题后，何嘉进一步追问细节。比如针对遥控器按键，可以询问："李总，您在操作过程中，是不是像切换信号源、调节音量这些常用功能因为按键小而不好操作呢？我们可以有针对性地加大这些关键按键的尺寸或者优化布局。"

对于说明书，询问："您是在使用投屏功能还是画面校正功能时感觉不好上手呢？我们会在新说明书里对这些部分内容着重详细说明。"

只有深入挖掘客户的痛点，才能更精准地解决问题，提升客户的满意度和产品的竞争力，也有助于与客户建立更紧密的联系，为后续的合作奠定良好的基础。

【金句】

1. 您好，感谢您试用我们的产品！请问您在试用过程中有什么感受或疑问吗？

2. 您觉得我们产品的哪些功能最实用？哪些功能还需要改进？

3. 您在使用过程中遇到什么困难了吗？我们非常乐意为您提供帮助。

4. 您觉得我们的产品与其他同类产品相比，有哪些优势和不足？

5. 请问，您对我们产品的整体使用体验如何？您有什么建议或意见吗？

6. 感谢您的反馈！为了更好地改进我们的产品，请问您能否详细描述一下您遇到的问题？

7. 您的意见对我们非常宝贵！我们会认真研究您的建议，并努力改进我们的产品。

8. 请问您对我们产品的哪些方面最满意？或者您认为我们在哪些方面可以做得更好？

9. 我们会将您的反馈记录在案，并及时反馈给我们的研发团队。

10. 感谢您为我们提出宝贵意见！我们会持续改进产品，以更好地满足您的需求。

10. 跟进过程中，客户提出新的条件和要求

客户在成交前提出新的条件和要求是很常见的现象。特别是在客户提出一些新的、甚至有些苛刻的条件和要求时，销售人员一定要保持冷静，并认真分析客户的需求，以从中寻求合适的解决方案。

【经典案例】

小陈："王总，您好！我们上周沟通的企业级数据分析软件，您这边考虑得怎么样了？"

王总："小陈啊，这个软件功能不错，但我们现在还需要一个更详细的培训方案，最好能提供一对一的个性化培训服务。另外，我们希望能够在合同中增加售后服务保障条款，以保证系统稳定运行。"

小陈："王总，感谢您的反馈！关于一对一的个性化培训服务，我们是可以提供的，只是需要额外收取一些费用，我们稍后可以详细沟通收费标准。关于售后服务保障条款，我们也很愿意将其加在合同里，具体细节我们可以进一步协商。"

【场景解析】

在这个场景中，小陈的回应有些欠妥。当王总提出需要更详细的培训方案和增加售后服务保障条款时，小陈虽然表示可以满足，但只是简单提

及额外收费和进一步协商，缺乏深入沟通。

对于培训服务，小陈应先询问王总期望通过一对一培训达到什么样的效果，比如员工对特定功能的熟练掌握程度，以便根据目标制定更精准的培训计划，并详细说明收费依据，让客户感受到收费的合理性。在售后服务保障条款上，小陈只是说乐意增加，却未主动提及公司现有的售后体系优势。他应先介绍公司常规的售后内容，如响应时间、故障解决流程等，再与王总协商新增条款，这样既能展现专业性，又能增强客户对合作的信心。

其实，他可以换一种回应方式。例如，在深入了解客户需求背后的原因后，详细阐释公司的应对方案及优势，以积极的态度引导客户达成合作共识，而非简单应允。这样回应客户，能更好地推动销售进程。

【金句】

1. 关于您提出的……要求，我们是可以满足的，只是需要……

2. 感谢您的反馈！您的建议对我们非常有价值，让我们可以更好地了解您的需求。

3. 张总，您提出的……要求，我们正在积极考虑，会尽快给您答复。（积极考虑，争取时间）

4. 王总，为了更好地满足您的需求，我们可以……（提出解决方案）

5. 李经理，关于您的这个要求，我们公司内部有相关的规定，需要进一步沟通确认。

6. 您提出的……要求虽然有一定的难度，但我们会尽力满足您的需求。

7. 为了更好地理解您的需求，能否请您详细说明提出这个要求的原因？

8. 我们可以根据您的实际情况，为您制定个性化的方案。

9. 为了感谢您的理解和支持，我们可以……（提供额外优惠）

10. 我们会认真考虑您的要求，并尽快给您满意的答复。（承诺回复）

第九章
促成订单：临门一脚，
话要一步到位

在销售进程中，前期的市场开拓、客户挖掘、产品展示及关系维护等工作都如同漫长的马拉松，逐步为最终的冲刺——促成订单铺垫基石。当销售的轨迹逐渐趋近终点线时，这临门一脚就显得尤为关键。

1. 优先试用：让客户亲身体验产品价值

在销售的成交阶段，让客户亲身体验产品的价值至关重要。仅仅依靠口头介绍或演示，往往难以完全打动客户，尤其是对于一些技术复杂或功能较多的产品来说更是如此。通过优先试用策略，客户可以在实际使用中感受到产品的优势和便利，这不仅能够有效消除客户的疑虑，还能增强客户的购买信心，最终促成交易。

【经典案例】

销售经理："张总，经过我们之前的沟通，您对我们的智能办公系统应该有了比较全面的了解。为了让您更直观地感受系统的强大功能和便捷性，我们想邀请您优先试用一周，体验一下日常办公流程的优化。"

客户："小王，试用可以，但是试用期间如果出现问题怎么办？"

销售经理："张总，您放心，我们会全程提供技术支持。在试用期间，我们会安排专业的工程师为您提供一对一的指导和技术支持，确保您能够顺利使用所有功能。如有任何问题，您可以随时联系我们，我们会第一时间为您解决。"

【场景解析】

在上述对话场景中，销售经理的做法有可取之处。首先，主动邀请客户试用，让客户有机会亲身体验产品的优势，这是促成订单的有效策略，有助于增强客户对产品的信心。其次，承诺提供全程技术支持和一对一指导，及时解决问题，这能打消客户在试用过程中的顾虑，体现了对客户的重视和良好的服务意识。

同时，销售经理的做法也存在一些不足。销售经理没有提前主动说明试用期间可能出现的常见问题及应对措施，而是在客户提问后才被动回应，显得不够专业，考虑也不够周全。

此外，对于技术支持的响应时间、解决问题的具体方式等细节，销售经理没有详细阐述，可能使客户对技术支持的可靠性仍存在一定疑虑。如果能在邀请试用时就准备好详细的试用说明文档，涵盖常见问题解答和技术支持细则，将更有利于赢得客户的信任，提高试用转化率和订单促成的成功率。

【金句】

1. 为了让您更深入地了解产品的价值，我们诚挚地邀请您优先试用一周。

2. 王姐，很多客户在试用后都对我们的产品赞不绝口，您也一定会有同样的感受。

3. 试用期间，我们会提供一对一的技术支持，确保您能够顺利上手。

4. 冯总，试用期间您无需有任何购买压力，而是可以完全按照自己的需求进行测试。

5. 葛经理，试用后，我们还可以根据您的反馈，为您制定更符合您需求的解决方案。

6. 吴老板，试用是了解我们产品的最佳方式，比任何演示都更有效。

7. 张总，我们会根据您的试用反馈，及时调整和优化我们的产品。

8. 我相信试用后，赵总一定会对我们的产品有更深入的了解，并最终成为我们的客户。

9. 为了表达诚意，我们还可以提供……优惠政策。

10. 张总，让我们一起期待您试用后的精彩反馈！

2. 限时优惠：制造紧迫感，促使客户决策

有时，客户迟迟不下订单，并非对产品不满意，而是缺乏足够的购买动机。这时，运用"限时优惠"策略制造一定的紧迫感，可以有效刺激客户做出购买行为，提高成交率。要运用好这种策略，不仅要设定有吸引力的优惠条件，还要求销售人员掌握恰当的沟通技巧，在不给客户造成压力的前提下，引导客户在有限的时间内做出决策。

【经典案例】

销售员："王先生，您好！我们之前谈到的这款高端智能锁，您觉得怎么样？各项功能您都满意吗？"

王先生："小李，这款锁确实不错，功能也挺全的，但是价格还是有点贵，让我再考虑一下吧。"

销售员："王先生，这个价格还贵呀？对您这样的大老板来说，这点钱算什么？"

王先生："呵呵，现在赚钱都不容易。"

销售员："哎呀，依我看，你就赶快下订单，过了这村儿可就没这个店儿了，再说了，优惠活动马上就要结束了。"

王先生："好的，有需要我再联系你。"

销售员："好啊。"

【场景解析】

在这个场景中，销售员的话术存在一些明显的问题。

首先，当客户提出价格贵时，销售员以"对您这样的大老板来说，这

点钱算什么"进行回应，不仅没有理解客户对价格的敏感和谨慎态度，还可能引起客户的反感，让客户觉得不被尊重，损害了客户关系。

其次，用"过了这村儿可就没这个店儿了""优惠活动马上结束"这样的话术制造紧迫感，方式过于生硬和急切，没有真正解决客户对价格的顾虑，反而让客户更加抵触，最终导致客户敷衍地回复"有需要再联系"，错失了成交机会。

正确的做法是先认同客户对价格的感受，比如"王先生，我理解您觉得价格高，毕竟大家赚钱都不容易，买东西肯定要考虑性价比"。然后详细阐述产品的价值，如高端的材质、先进的技术、优质的售后服务等，说明价格的合理性，或者提供一些灵活的解决方案，如分期付款、赠送赠品等，以化解客户的价格异议，从而提高成交的可能性，而不是单纯地施加压力催促客户下单。这反映出在销售中，理解和尊重客户的想法，以及提供切实可行的解决方案是促成订单的关键，切勿对客户进行简单的催促和不当的言语刺激。

【金句】

1. 王哥，我们正在进行限时优惠活动，购买这款产品可以享受……

2. 赵总，这个优惠力度非常大，错过了这次机会，下次可能就没有这么亲民的价格了。

3. 李先生，除了价格优惠，我们还会赠送……

4. 本月底是优惠活动的截止日期，建议您尽快做出决定。（强调时间限制）

5. 王先生，很多客户都在抢购这款产品，现在下单可以保证您及时收到货。（暗示产品热销）

6. 李总，这个优惠价格仅限于今天，您今天下单还能享受……（制造极度紧迫感）

7. 为了感谢您的支持，我们特别为您准备了……（表达感谢和重视）

8. 您现在下单，我们可以为您安排……（提供额外服务）

9. 如果您还有什么疑问，请随时提出，我们会耐心为您解答。

10. 周总，希望您能抓住这次机会，拥有……（积极引导客户）

3. 支付便利：介绍方便快捷的支付方式和优惠支付政策

在销售成交的最后阶段，支付方式的选择往往成为影响交易成败的关键因素。便捷、灵活且优惠的支付方案，能够有效降低客户的购买门槛，提升客户的购买体验，最终促成交易。反之，如果支付流程繁琐复杂，或者支付方式选择有限，都可能导致客户放弃购买。因此，销售人员需要了解各种支付方式的特点，根据客户的需求推荐合适的支付方案，并积极介绍相关的优惠政策，从而提高成交效率。

【经典案例】

丁丁："李姐，您对我们这款高端净水器非常满意，现在就差最后一步——支付了。我们支持多种支付方式，包括微信支付、支付宝支付、银行卡支付。您更倾向于哪一种方式呢？"

李女士："丁丁，这款净水器确实不错，但我手头资金有点紧张，能不能分期付款？"

丁丁："这，这个嘛，好像不行哎。"

李女士："那我下次再来买吧。"

丁丁："您不知道吗，微信也可以借钱哦，您借一点钱不就行了吗，才几百块而已。"

李女士："哦，有些麻烦，还是算了。"

丁丁："不麻烦，我来教您……"

李女士："不好意思，我很少用微信支付。"

丁丁："那您可以用支付宝呀。"

李女士："我还有点事儿，回头再说。"

【场景解析】

在上述对话中，不难看出，丁丁并非一位称职的销售人员，他的话术存在很多问题。比如，当李女士提出分期付款的需求时，他没有提前做好应对准备，而是直接生硬地拒绝。这显示出他既对业务不熟悉，也对客户需求考虑欠缺。

之后，他推荐对方从微信借钱的行为更是不妥。他没有站在客户立场理解其对资金紧张的顾虑，且让客户感到被强行推销，进一步破坏了客户的购买意愿，使得客户对后续的支付方式推荐也产生了抵触心理。

在面对这种情况时，聪明的销售会清楚地告知客户公司的支付政策。当客户提出一些疑问时，能够专业、耐心地解释并提供可行的解决方案，如介绍公司合作的金融机构提供的分期服务，或者针对忠实客户制定的特殊支付优惠等，从而缓解客户的资金压力，增加客户的购买可能性，而不是盲目地进行不恰当的推荐。

【金句】

1. 我们支持多种支付方式，您可以选择最方便的一种。

2. 我们提供微信支付、支付宝支付等多种便捷的在线支付方式。

3. 我们支持分期付款，您可以选择 3 期、6 期或 12 期的免息分期服务。（介绍分期付款政策）

4. 此次购买还可以享受额外 9 折优惠，分期付款后每期支付的金额会更低。

5. 我们承诺所有支付信息都经过加密保护，您的资金安全绝对有保障。

6. 支付流程非常简单，您可以在自助机上轻松完成。

7. 如果您有任何支付方面的疑问，请随时提出，我们会耐心为您解答。

8. 为了感谢您的支持，我们还可以提供……（提供额外优惠）

9. 现在下单，我们将尽快为您安排发货。（促使客户下单）

10. 张经理，希望您能尽快完成支付，这样就能第一时间享受我们的优质产品和全方位服务啦！（积极引导客户完成支付）

4. 增值服务：下单后可立马享受的额外好处

提供增值服务，为客户带来下单后可立即享受的额外好处，这已成为提升客户满意度和促成交易的关键策略。这些增值服务可以包括免费的安装调试、优先发货、专属客服支持，甚至是赠送一些小礼品或会员权益。通过强调这些额外的好处，可以有效提升产品的竞争力，增强客户的购买意愿。

【经典案例】

小爽："王先生，您对这款高端咖啡机的各项功能都很满意，现在决定购买了吗？"

王先生："小爽，咖啡机确实不错，但我担心安装会比较麻烦。"

小爽："王先生，您完全不用担心！我们提供免费的专业安装调试服务，下单后，我们的专业技师会在24小时内上门安装调试，并教您如何使用机器的各项功能。"

王先生："安装会另行收费吗？"

小爽："这个请您放心，我们不但分文不收，而且还会赠送您一盒进口咖啡豆，让您第一时间品尝到咖啡机的美味。"

　　王先生："你们的服务太棒啦。"

　　小爽："过奖。这只是我们最基本的服务。如果您加入我们的 VIP 会员，还能享受一年免费的保修服务和优先客服支持。"

　　王先生："是吗？等安装好了，我就加入。"

【场景解析】

　　在上述销售场景中，小爽的表现可圈可点。面对客户对安装问题的担忧，她迅速且明确地给出解决方案，强调免费的专业安装调试服务及快速的响应时间（24 小时内上门），这有效消除了客户的顾虑，让客户看到购买产品后能享受到的便利与保障，体现了她对客户常见问题的充分准备和对客户心理的精准把握。

　　当客户询问安装是否收费时，她不仅再次确认免费，还主动提及赠送进口咖啡豆，增加了产品的附加值，提升了客户的购买意愿和满意度。

　　另外，她巧妙地抓住时机介绍 VIP 会员服务，包括一年免费的保修服务和优先客服支持，进一步强化了客户对产品后续服务的信心。

　　这一系列的应对展示了专业销售人员应具备的素质，即熟悉产品及服务的各个环节，能够敏锐地捕捉并及时化解客户的疑虑，同时善于利用增值服务来促进销售，培养客户的忠诚度。这种以客户为中心的销售策略往往能提高成交率和客户的复购率。

【金句】

　　1. 除了产品本身的优势，我们还提供免费的安装调试服务。

　　2. 下单后，您将立即获得……（强调服务的时效性）

　　3. 今天下单，我们会额外赠送您……（介绍赠品或礼品）

　　4. 如果加入我们的 VIP 会员，您将享受 × 重超值大礼包，并获得 × 项超级会员权益。

　　5. 对于前 100 位下单的朋友，我们将提供优先客服支持，不管您在使用过程中有什么疑问，都能得到及时解答。

6. 截至本周，我们为下单的用户额外提供一年免费的保修服务。

7. 只要下单，这些大礼包您马上就可以全部拿走。

8. 这些增值服务是我们的承诺，我们会认真执行。（强调服务的可靠性）

9. 这些增值服务价值高达 ××× 元，简直太划算了。

10. 现在下单，您马上就能享受到这些额外的好处。

5. 制造稀缺感：提及产品数量有限或限量版特性

在销售的最后阶段，通过巧妙运用稀缺策略，往往能成为推动客户下单的有力杠杆。当客户知晓产品数量有限，或具有独特的限量版特性时，其内心的占有欲和错失恐惧症会被悄然激发，从而加快决策的进程，增加购买的可能性。

当然，这一策略并非简单的营销噱头，而是基于消费者心理的精准把握。通过营造紧迫感和独特感，让产品在客户眼中的价值得以提升，使得客户不再仅仅从实用角度衡量产品，而是将其视为难得的机会和独特的体验。

【经典案例】

销售员："张总，您好！今天给您带来一款我们公司刚推出的高端商务笔记本电脑，它的性能配置在市场上绝对处于顶尖水平，您看这工艺，每一处细节都彰显着品质与尊贵。"

客户："嗯，看起来确实不错，不过价格是不是有点高啊？而且我也不着急用，再考虑考虑吧。"

销售员："张总，我理解您的顾虑。但这款电脑真的非常独特，全球限量发行仅 100 台，我们分到的配额不多，目前已经有好几位像您这样的高端商务人士预订了。您也知道，这种限量版的产品不仅是一台电脑，更是一种身份和品位的象征。"

客户："真有你说的那么好吗？"

销售员："我怎么敢在您面前说假话呢。我们为了回馈老客户，如果今天下单，还可以额外赠送一套价值不菲的高端电脑配件，这可是只有在首发期间才有的优惠活动哦。"

客户："哦？真的只有这么少的量吗？那你们后续还会生产吗？"

销售员："张总，这是我们公司为了纪念成立 20 周年特别推出的限量版，后续不会再有完全相同的款式了。"

客户："嗯，那我就考虑买一台吧。"

【场景解析】

制造稀缺策略的关键在于精准把握客户的心理需求。人们往往对稀缺的事物充满渴望，因为稀缺意味着独特、珍贵和与众不同。在销售中，通过限量版、限时优惠、独家供应等方式制造稀缺感，能够有效激发客户的购买欲望，提高客户对产品的关注度和重视程度。

在这个案例中，销售员巧妙运用制造稀缺策略，成功促成了交易。

首先，强调产品全球限量发行仅 100 台，突出了产品的稀有性，让客户意识到这是一个难得的机会。

其次，提及已经有其他高端商务人士预订，利用了客户的从众心理，进一步增强了产品的吸引力。

再次，明确告知客户这是纪念版产品，后续不会再生产相同款式，强化了产品的独特性和收藏价值。

最后，通过当天下单赠送高端电脑配件的优惠活动，增加了产品的附加值，同时也营造了紧迫感，促使客户尽快做出购买决策。

需要注意的是，销售人员要注意运用真实、合理的稀缺因素，避免过度夸大或虚假宣传，以免引起客户的反感，失去客户的信任。

【金句】

1. 这款产品是我们公司与国际知名设计师合作的限量版，全球仅有

50件，已经售出一大半，一旦错过，就再也没有机会拥有了。

2. 我们这次推出的优惠套餐数量非常有限，仅限前20位客户可以享受。您要是抓紧时间，还能抢到这个超值优惠。

3. 这是我们品牌成立30周年的纪念款产品，仅在本月限量发售，而且每个地区的配额都非常有限。

4. 这次的产量极其有限，很多老客户都在打听这款产品。您现在下单，就能确保自己拥有这款独特的产品。

5. 这款服务套餐是由我们公司的金牌团队专门为高端客户定制的，每个月只接受10位客户的预约。目前这个月的名额已经不多了，您可要抓紧时间了。

6. 我们的库存已经不多了，您要是想拥有和剧中主角一样的独特商品，就得赶紧下单了，不然很快就会被抢购一空。

7. 这次的促销活动力度空前，但活动时间只有三天，而且产品数量有限。您看您是交现金还是刷卡？

8. 我们只挑选了像您这样有眼光的客户开展试用，数量有限，机会难得哦。

9. 我们好不容易争取到这几瓶配额，是专门为像您这样的葡萄酒鉴赏家准备的。您要不要带一瓶回去珍藏呢？

10. 这是我们公司为回馈老客户推出的限量版会员专属产品。您一直以来对我们的支持让您拥有了这次难得的机会，您可千万不要错过。

6. 情感连接：从情感角度触动客户下单

当销售人员能够精准地洞察客户内心的情感需求，并巧妙地将其融入销售话术之中，便如同在客户心中种下了一颗温暖的种子，让购买行为不再仅仅是一次交易，而是一种情感的回应。这种情感触动可以唤起客户内心的共鸣，使他们对产品产生特殊的情感寄托，从而心甘情愿地迈出下单的关键一步。

【经典案例】

销售员："李姐，您好！好久没联系了，最近怎么样？"

客户："还不错，你呢？找我有什么事吗？"

销售员："李姐，是这样的。还记得上次您跟我提到您儿子喜欢画画吗？我们公司最近推出了一款智能绘画板，我第一时间就想到了您和您儿子。这个绘画板功能……我想着，您儿子拿到这个绘画板，肯定能尽情地发挥他的绘画天赋。"

客户："听起来是不错，但是价格怎么样呢？"

销售员："李姐，价格其实很合理。您想想，孩子的兴趣培养是多么重要啊。这个绘画板可以陪伴他度过许多欢乐的创作时光，见证他的成长和进步。每次他用这个绘画板画出新的作品，脸上洋溢着开心的笑容，您是不是也会觉得很幸福呢？而且，我们还提供了一年的免费软件更新和绘画教程，助力孩子不断学习新的绘画技巧。这不仅仅是一个绘画板，更是您对孩子成长的一份关爱和支持。"

客户："嗯，你说得对，赚钱不就是为了孩子嘛！那我买一个吧。"

【场景解析】

情感连接策略的核心在于深入了解客户的情感痛点和需求。在购买决策过程中，情感因素起到了重要作用。比如对家人的关爱、对自我实现的追求、对过往美好回忆的怀念等，都可能成为影响购买行为的关键情感驱动力。销售人员要善于挖掘这些潜在的情感因素，将产品的特性与客户的情感诉求有机结合，通过温暖、真诚且富有感染力的语言，触动客户内心最柔软的部分，使客户产生强烈的情感共鸣。

在上述场景中，销售员正是成功地运用了情感连接的策略，才促成了交易。他先是通过提及客户儿子喜欢画画这一细节，抓住了客户内心对孩子成长和兴趣培养的重视与关爱，让客户感受到被关注和理解。

接着，在介绍产品时，销售员着重强调绘画板对孩子绘画天赋的激发和成长的陪伴作用，将产品与孩子的幸福、客户的情感满足紧密联系在一起，使客户不仅仅从产品的功能和价格角度去考虑，而是更多地从情感层面去权衡购买的价值。

最后，通过提供免费的软件更新和绘画教程，进一步体现了对孩子成长的关怀，强化了情感纽带，让客户觉得购买这个绘画板是对孩子有益且充满爱意的选择。

【金句】

1. 张哥，您这么顾家，这款按摩椅既能帮助您缓解疲惫，也能让您的家人同享放松，给您成就感，快带这份温暖回家吧。

2. 您不是一直想记录生活中的美好瞬间吗？这款高品质相机就是您的最佳伴侣。

3. 看着孩子在知识的海洋中快乐遨游，花再多的钱也值。这是您对孩子未来的投资，也体现了您深沉的母爱，不要再犹豫了。

4. 您热爱运动，追求健康生活。这双专业跑鞋就像您的亲密战友，陪您挑战每一次长跑，见证您突破自我的每一步。

5. 这款限量版的商务钢笔不仅是书写工具，更是您身份和品位的象征。

6. 您是不是经常想起年轻时和老伴一起走过的那些美好岁月？这款复古收音机能播放那些经典老歌，带您重温过去的温馨时光。

7. 这款精致的香薰机简直就是为您量身打造的。它能营造出温馨浪漫的氛围，让您的生活多一点小确幸。

8. 这套古典名著珍藏版，无论是书籍的装帧设计，还是内容的精心编排，都体现了对传统文化的尊重和传承，每次翻阅都能让您感受到历史的厚重和文化的魅力。

9. 自信的您，配上这款包，一定会更加光彩照人，不要错过让自己更美的机会哦。

10. 选择它，是选择一种高品质的生活方式，也是您对家人和地球的关爱。

7. 专家推荐：引用行业专家对产品的评价或推荐

专家推荐是销售成功的关键砝码。这是因为专家凭借其深厚的专业知识、丰富的行业经验和卓越的声誉，在消费者心中树立了极高的可信度。通过引用专家的观点，销售人员能够将产品的优势从自我宣扬转化为权威认证，让客户感受到产品的价值不仅仅是商家的自卖自夸，而是得到了专业领域的认可，从而增强客户对产品的信任，提升客户的购买意愿。

【经典案例】

销售员："刘总，此次来是给您介绍一款新型企业管理软件。咱们行业管理效率很关键，这款软件获得了专家李教授的高度认可。"

客户："哦？李教授我知道，他咋说的？"

销售员："李教授用后评价，其数据分析模块智能算法强，能挖掘数据价值，帮助决策。而且操作界面简洁，降低了员工学习成本，堪称提升管理效能的卓越产品，对企业发展推动大。此处，它在客户关系管理、供应链优化等方面功能独特，像客户关系管理可以精准画像，供应链优化能降低成本、提高效率。我们还有专业的售后团队。连李教授都称赞，您不想了解一下？"

客户："不错，请详细说说。"

销售员："好。价格上绝对物超所值，李教授认可的产品价值高。本

197

周新客户下单，赠送一年软件升级和培训课程，团队能快速上手，使软件发挥最大效能。"

客户："行，订一套。"

【场景解析】

专家推荐策略关键在于选择适配专家、精准传达评价，销售人员要将专家评价与客户需求痛点相结合，用通俗的语言让客户感知产品的价值。再结合产品展示、优惠活动等营销策略，提高成交率与客户满意度。

在上面的案例中，销售员巧用专家推荐策略促成了交易。他借知名专家李教授吸引客户，详述其对产品数据分析模块优势、决策支持及易用性等方面的高度评价，增强了客户对产品的信心。在介绍其他功能时，销售员还联系企业的实际需求，从而体现出产品的实用性。面对客户对价格的询问，他着重强调了专家认可的价值，并用优惠活动与增值服务提升产品的性价比。

【金句】

1.行业权威×××盛赞，这款智能设备以其卓越性能，将为您的生活带来前所未有的便捷体验，请您放心选购！

2.权威机构××××亲测推荐，此健康产品品质优良，助您轻松守护家人健康。

3.据知名教育专家××断言，未来，孩子们的竞争主要体现在××××××，所以，我特别向您推荐这套培训课程，它是孩子成长路上的得力助手。

4.汽车领域专家×××称赞这款车型动力强劲、油耗低，安全配置全面，为您的出行保驾护航。

5.家居设计大师××推荐此款家具，设计简约而不失高雅，材质环保且耐用。

6.美妆达人××挚爱这款化妆品，成分温和亲肤，妆效持久自然，绽放您的迷人光彩。

7. 知名长跑运动员××曾代言这款运动装备，其专业设计贴合人体工学，可以让您释放更多活力。

8. 网络大V×××鼎力推荐这条线路，其风景绝美，体验独特。

9. 心理专家们建议谨慎选择减压产品，这款产品经过国家权威机构检测与认证，您可以放一百个心！

10. 很多汽车评测专家都推崇这款新能源汽车，它续航优秀，智能配置高。

8. 对比分析：将产品与竞品对比，突出独特卖点

当客户站在选择的十字路口，徘徊于众多相似的产品之间时，"对比分析"便成为一种有效的销售策略。通过清晰、精准且客观地将自家产品与竞品进行对比，可以促使客户迅速而明确地识别出其无可替代的价值，从而做出倾向于我们的购买决策。

【经典案例】

销售员："赵姐，您考虑买空气净化器吗？我们的'×××'，肯定符合您的需求。"

客户："在看，但牌子太多，暂时没有定下来。"

销售员："理解您的顾虑。比如××品牌，滤网三个月一换，成本比较高。而我们的产品采用纳米复合滤网，对$PM_{2.5}$等污染物的净化效果比其他品牌高出30%，滤网能用一年，能为您节省不少成本。而且××品牌高档位噪声比较大，而我们的产品风道和静音技术，即使使用最大风力，噪声也很低。"

客户："那价格如何呢？"

销售员："价格上两者差不多，但'×××'性价比更高。现在新用户购买，还送价值500元的空气检测仪，能随时检测空气质量，很划算，是不是更合适呢？"

客户："嗯，那行，就买'×××'吧。"

【场景解析】

正如上面的场景，对比分析策略的关键在于深入了解竞品的优缺点，并准确把握客户的核心需求和关注点。销售人员不能仅仅罗列产品的特性，而要将对比聚焦在对客户有实际影响的方面，例如成本、性能、使用体验等，用数据和事实说话，让客户直观地感受到差异。

同时，在对比过程中要保持客观公正的态度，避免过度贬低竞品，以免引起客户的反感。此外，结合优惠活动、增值服务等其他营销策略，能够更好地强化产品的优势，提高客户的购买意愿，从而在竞争激烈的市场中赢得客户，提升销售业绩，并逐步建立起品牌的良好口碑和客户的忠诚度。

【金句】

1. 与竞品相比，咱这款手机快充技术领先，半小时即可充满电，便捷高效远超同行。

2. 竞品功能虽多但不精，咱家智能手表精准监测健康，专业实用更贴心。

3. 市面上大多数沙发都易塌陷，咱这的沙发使用高弹海绵，久坐不变形，耐用且舒适。

4. 不少品牌相机夜景噪点多，咱们这款相机夜拍清晰。

5. 同价位的空调大多能耗高，咱们的空调节能省电，制冷制热既快又省！

6. 别家智能音箱唤醒迟钝还容易误判，咱这款音箱精准识别秒唤醒，灵敏高效！

7. 这个价位的跑步机大多减震差、噪声大，相比之下，我们的这款机器震动小，噪声低。

8. 竞品的折叠自行车沉重、难骑易损坏，我们的轻便坚固、好骑行，出行便携超实用。

9. 其他品牌的电动牙刷震感弱、刷毛差，咱家的强震柔刷护牙龈，清洁效果顶呱呱。

10. 就说某知名品牌吧，用户普遍反映色彩偏差大、功能少，咱们的不但便宜，功能多，而且几乎没有色差，办公打印更高效。

9. 认同引导：强调产品在社交圈中的受欢迎程度

如今，消费者的购买决策已不再仅仅基于产品的功能和价格，社交影响力正扮演着愈发关键的角色。"认同引导"这一销售策略，更是巧妙地利用了人们渴望融入群体、追求社会认同的心理。当客户得知一款产品在其社交圈中广受欢迎时，往往会激发他们的购买欲望。因为拥有这样的产品意味着能够与周围人建立共同话题，获得他人的认可，甚至成为社交场合中的焦点。

【经典案例】

销售员："姐，您好啊！好久不见，最近忙什么呢？"

客户："这不孩子快过生日了，正想给他买个礼物呢。"

销售员："李姐，我跟您说，我们新到了一款智能学习机器人，特别适合孩子，在咱小区里可受欢迎了。您知道楼上的王姐吗？她家孩子用了之后，学习成绩提升得特别快。还有您隔壁的张哥，看到王姐家孩子用得好，也给自己孩子买了一个。"

客户："看来买的家长还不少呢。"

销售员："是啊。好多家长都反馈说，自从买了这个机器人，感觉孩子像是多了一个专属的学习小伙伴，孩子开心，家长也放心。"

客户："听你这么说，我都想给孩子买一个了。价格怎么样？"

销售员："价格非常合理。您想想，这可是能让孩子学习进步的好帮手，而且在咱们小区这么受欢迎，大家都觉得物超所值。现在购买的话，我们还赠送一套精美的儿童读物，让孩子在课余时间更广泛地阅读，拓宽知识面。这么好的机会，您可别错过了。"

客户："感谢你的推荐，那我买一个吧。"

【场景解析】

认同引导策略的关键在于找到与客户紧密相关的社交圈子，并真实、具体地呈现产品在该圈子中的受欢迎程度。圈子里的成员可以是邻居、同事、朋友、行业协会成员等，只要是客户重视且有认同感的群体即可。

销售人员要善于收集和运用这些社交证据，如客户的好评、使用案例、口碑传播等，将其巧妙地融入销售沟通中。同时，要确保所提及的受欢迎程度基于产品的真实优势和良好表现，而非虚假宣传，否则一旦被客户识破，将会严重损害销售信誉和品牌形象。

【金句】

1. 最近，我的很多同事都入手了这把办公椅，都说它很舒适，久坐不累。

2. 您瞧，这可是网红打卡地同款相机，摄影圈里人人都爱，很轻松就能拍出大片质感。

3. 这款健身APP是健身达人都推荐的，社区里大家一起打卡，氛围超棒，塑形就靠它啦！

4. 老哥，这款智能手表在科技爱好者群里火得不行，功能强大又酷炫，戴上它，您就是潮流先锋！

5. 美女，咱这款时尚墨镜是时尚博主的心头好，戴上就能秒变街拍达人。

6. 这款汽车保养用品在汽修厂圈子里认可度很高，您可以考虑一下。

7. 这套智能家居系统在业主群里好评如潮，有时间您可以多了解一下。

8. 帅哥，这款无人机在航拍爱好者群里炙手可热，高清拍摄非常稳定。

9. 这款高端护肤套装在美妆圈中被誉为"神器"，只有试过的人才知道有多厉害。

10. 这款户外运动手表在驴友群里备受推崇，我身边的不少朋友也在使用，它的最大特点是定位准、续航长。

10. 郑重承诺：打消顾客对售后的担忧

郑重承诺，即以坚定有力的话语和切实可靠的保障措施，彻底打消顾客对售后服务的担忧，让顾客放心地做出购买决定。优质的产品固然重要，但完善、贴心的售后服务更是赢得顾客信任与忠诚度的关键因素。当顾客不再为售后问题担忧时，他们才会更专注于产品本身所带来的价值和体验。

【经典案例】

销售员："陈先生，您好！您看这台冰箱，各方面功能是不是都很符合您的要求呢？"

客户："嗯，看起来是不错，不过对于冰箱这种大家电，我还是有点担心售后问题。"

销售员："陈先生，您的担心我完全理解。我们公司在售后方面有着非常完善的体系和郑重的承诺。首先，我们提供长达5年的整机保修服务，这在行业内是比较少见的。其次，如果遇到零部件损坏需要更换，我们使用的都是原厂原装的高质量配件，确保冰箱的性能不受影响。另外，即使过了保修期，我们也会为您提供终身的技术支持和成本价的维修服务，让您没有后顾之忧。"

客户："听起来确实不错，如果我在使用过程中有什么疑问，随时打电话都能找到你们吗？"

销售员："当然可以，陈先生。我们设有专门的售后客服热线，全年无休，可随时接听您的来电。无论是操作问题还是故障报修，我们都会第一时间为您解答和处理。而且，我们还会定期回访您。您放心，选择我们的冰箱，就是选择了安心和放心。"

客户："这样，我就可以放心下单了。"

【场景解析】

郑重承诺能够有效降低客户的购买风险感知，提高客户的购买意愿和忠诚度。这一策略的关键在于深入了解客户对售后的具体担忧点，并针对性地提出切实可行且具有吸引力的解决方案。承诺内容应清晰明确、可操作性强，避免模糊不清或无法兑现的承诺，以免引起客户的反感和不信任。

销售人员在传达承诺时要表现出真诚和自信，让客户真切感受到企业对售后的重视是发自内心的，而不仅仅是一种销售手段。

【金句】

1. 您大可放心购买，我们提供5年质保，故障随时修，让您购后无忧。

2. 有任何问题，我们48小时内必上门解决。

3. 一次购买，提供终身免费技术咨询。

4. 出了问题，我们使用原厂配件更换，不会存在任何虚假和敷衍。

5. 我们承诺一月内无理由退换，让您购物零风险。

6. 我们承诺十年超长保修期，如果没有过硬的品质，哪个商家敢如此承诺？

7. 您只管放心下单，我们免费上门安装调试，不额外多收您一分钱。

8. 我们提供全国联保服务，网点遍布全国，无论在哪里都能享受一流的售后服务。

9. 对 VIP 客户，我们提供售后专员一对一服务，全程贴心陪伴。

10. 对老客户，我们提供以旧换新服务，优惠力度空前。

第十章
客情维护："语过添情"，
打造成交闭环

客情维护不仅仅是简单的问候与回访，更是精准把握客户需求的变化，积极解决客户在使用产品过程中遇到的问题，让客户感受到被重视、被关怀，从而实现从初次成交到多次复购以及客户推荐的良性循环，最终达成真正意义上的成交闭环。

1. 感谢购买并邀请评价

当客户完成购买行为后，向他们表达诚挚的感谢不仅是一种基本的礼貌，更是强化客户与企业情感连接的重要纽带。而邀请客户进行评价，则为企业提供了宝贵的反馈信息，有助于进一步优化产品和服务，同时也让客户感受到自己的意见被重视，从而提升他们的满意度和忠诚度。

【经典案例】

销售员："张女士，您好！我是×××电器的小李，您之前在我们店里购买的那台智能烤箱已经收到了吧？"

客户："收到了，已经用了几次了。"

销售员："那真是太好了！张女士，我今天特意打电话来，首先是要衷心地感谢您的支持与信任。您选择了我们的智能烤箱，这对我们来说是一份莫大的鼓励。我想问问，您在使用烤箱的过程中，有没有什么特别满意的地方或者觉得不太方便的地方呢？"

客户："整体还不错，就是刚开始操作的时候，对有些功能不太熟悉，不过后来看了说明书就好多了。"

销售员："非常感谢您的反馈，张女士。如果您方便的话，能否在我们的官方网站或者电商平台上给我们一个评价呢？您的评价对我们非常重要，无论是好的还是不好的建议，都能帮助我们不断改进产品和服务，让更多像您这样的客户拥有更好的购物体验。而且，只要您参与评价，我们还会为您送上一张价值50元的购物优惠券，您下次购买我们的其他产品时就可以直接抵用了。您看可以吗？"

客户："哦，这样啊，那好吧，我这两天有空就去评价一下。"

销售员："太感谢您了，张女士！您的支持就是我们最大的动力。如果您在后续使用烤箱的过程中遇到任何问题，或者有什么新的需求，随时都可以联系我，我会全力为您解决。再次感谢您，祝您生活愉快！"

【场景解析】

在这个案例中，销售员通过电话与客户进行沟通，很好地执行了感谢购买并邀请评价的客情维护策略。从中可以看出，感谢购买并邀请评价的关键在于真诚、及时和有价值。真诚地表达感谢能够让客户感受到企业的人文关怀，增强客户与企业之间的情感联系。及时地与客户沟通可以让客户在购买后的新鲜感和体验感还较强的时候，更愿意分享自己的感受，提出宝贵的意见。而提供有价值的回馈，如优惠券、赠品、专属服务等，则能够激励客户积极参与评价，并让客户感受到自己的付出得到了回报，从而更加认可企业。

此外，对于客户的评价，企业要认真对待和分析，将其作为改进产品和服务的重要参考。通过以实际行动向客户展示企业对他们意见的重视，进一步巩固与客户之间的关系，实现客情维护的长期目标。

【金句】

1. 感谢您选定咱家宝贝，若满意烦请给个五星好评，截图发我领红包哦。

2. 您的下单是对我们的信任，诚邀您进行评价，优质评价即送品牌定制好礼。

3. 感恩您的选择，请您花半分钟评价一下，助力我们改进，还能领10元专属优惠券。

4. 亲，宝贝已飞奔而去，感谢支持，期待您的评价与美美地晒单分享！

5. 尊敬的客户，感恩惠顾，评价赢积分，每分可折现20元，购物更划算！

6. 感谢您下单，评价产品参与抽奖，有机会赢取价值 1000 元的豪华大奖！

7. 亲，您的信任无比珍贵，评价一下，即可获得一次免费上门深度保养服务！

8. 感恩有您，评价产品加入会员，升级权益享更多专属福利！

9. 亲，产品好用就夸几句吧，评价后享优先客服响应特权，为您贴心服务！

10. 感谢您的支持，诚邀您来评价，凭优质评价享软件 / 服务免费升级！

2. 产品使用指导与提示

在客户购买产品后，如何让他们正确、高效且安全地使用产品，直接影响着客户的使用体验和对产品的满意度。有效的指导和贴心的提示能够帮助客户快速上手，充分发挥产品的功能优势，避免因不当操作导致的问题和困扰。同时，这也体现了企业对客户的关怀，让客户感受到被重视和被关注，从而增强客户对企业的信任和忠诚度。

【经典案例】

销售员："李女士，您好！我是 ××× 化妆品公司的客服小张，您前几天在我们这里购买了一套抗衰老护肤套装。"

客户："嗯，想起来了。"

销售员："李女士，这套产品可是我们的明星产品，效果非常好。今天特意打电话来，是想跟您详细说说这套产品的使用方法和一些注意事项，让您用得更舒心，效果也更好。"

客户："哦，那太好了，我还正愁不太会用呢。"

销售员："这套护肤品的使用顺序很重要哦。下面我就讲一下它的使用方法。早上，您先用洁面乳洗脸，取适量在手心加少许水揉搓出泡沫，然后轻轻按摩脸部一分钟左右，再用清水洗净。接着用化妆棉蘸取适量的爽肤水，轻轻擦拭脸部，起到二次清洁和补水的作用。之后取3—4滴精华液均匀涂抹在脸上，轻轻按摩至吸收。精华液的营养成分很高，能深层滋养肌肤。最后……另外，李女士，这套产品里的精华液含有高浓度的活性成分，开封后要尽快使用完，而且要避免阳光直射和高温环境，放在阴凉干燥的地方保存哦。您看，还有什么疑问吗？"

客户："嗯，你说得很详细，我明白了。不过我最近皮肤有点干燥，这套产品能改善吗？"

销售员："李女士，这套抗衰老护肤套装里的面霜含有丰富的保湿成分，像透明质酸和甘油等，能够深层滋润肌肤，提高肌肤的含水量，只要您按照正确的方法坚持使用，皮肤干燥的问题肯定能得到改善。您在使用过程中有任何问题或者效果反馈，都可以随时联系我哦。"

客户："好的，谢谢你这么细心地指导。"

销售员："不客气，李女士，这都是我应该做的。如果您使用后感觉效果不错，还麻烦您给我们的产品一个好评哦，您的支持对我们很重要。祝您越来越美丽！"

【场景解析】

做好产品使用指导与提示，要把握三个关键：及时性、准确性和个性化。及时性，即在客户收到产品后及时进行沟通，能够抓住客户刚开始使用产品的关键时期，帮助他们顺利上手。准确性，即准确地传达产品的使用方法和注意事项。这就要求销售人员应对产品有深入的了解和专业的知识储备。个性化，则体现在根据客户的具体情况和问题，提供有针对性的解决方案和建议，让客户感受到企业对他们的关注是独一无二的。

另外，在沟通方面，可以采用多种渠道，如电话、短信、视频教程、在线客服等，以满足不同客户的需求和偏好。

【金句】

1. 新入手的烤箱初次使用需 230 度空烤 15 分钟，去除新机异味，后续烘焙更美味哦。

2. 这台空气净化器的滤网最好一周清理一次，以便能保持高效净化，为您持续守护清新空气。

3. 亲，新购置的洗碗机餐具摆放要参照说明书，避免遮挡喷头，洗净效果超棒哒。

4. 您好，笔记本电脑首次使用时，要将电池电量用到 20% 后再充满，循环三次，电池寿命更长久。

5. 特别提醒您，卷发棒用后别着急收，等冷却后擦拭干净再收起来，卷发效果持久且不伤发。

6. 家长要告诉小朋友，平衡车首次使用需在平坦地面练习，熟悉操作后再上路，出行安全又有趣。

7. 温馨提示：使用智能音箱连接 Wi-Fi 时，请确保密码中无特殊字符。

8. 告诉您一个小窍门：首次使用扫地机器人时，最好让它全屋扫描一遍，这样后续清扫规划更智能。

9. 大妈，这个操作很简单，在使用过程中，调节挡位按"+"或"-"键就行，力度从小往大调，体验更佳，有问题可随时联系我。

10. 您好，加湿器里最好加纯净水，每周清洗水箱，避免滋生细菌，滋润空气更健康。

3. 定期回访，询问使用体验

定期回访不仅是简单的询问，更是深入了解客户需求、优化产品与服务的重要契机。通过与客户定期交流，企业能够及时捕捉产品在实际使用中的优缺点，为产品的改进提供方向，从而提升客户满意度和忠诚度。

【经典案例】

销售员："张哥，您好！我是×××家居用品公司的客服小李，您已经购买沙发一个月了，今天给您做个回访，想问问您使用得怎么样？"

客户："哦，是沙发啊，总体还不错，就是感觉坐久了有点硬。"

销售员："非常感谢您的反馈，张哥。其实沙发在刚开始使用时可能会有一点硬，这是因为它采用了高密度海绵，这样的海绵虽然一开始不太柔软，但支撑性好，使用寿命长。不过您放心，随着使用时间的增加，海绵会逐渐变得更加贴合人体曲线，坐感也会越来越舒适。另外，您有没有按照我们之前说的，定期用软毛刷清理沙发表面的灰尘呢？"

客户："有啊，我每周都清理一次，就是怕弄脏了不好看。"

销售员："您做得很对，张哥。这样能保持沙发的整洁和美观，延长它的使用寿命。对了，您在使用过程中有没有发现沙发的其他问题呢？比如颜色有没有褪色，或者框架有没有松动之类的？"

客户："颜色倒是没什么问题，框架也挺结实的，就是有时候靠垫会滑下来，不太方便。"

销售员："非常抱歉给您带来了不便。这可能是因为靠垫的防滑设计还不够完善，我们会马上记录下来，反馈给研发部门，看看怎么改进。为了表达我们的歉意，我们会给您寄一套沙发保养护理套装，里面有专门的清洁剂和保养剂，可以让您的沙发始终保持簇新的状态。您看您还有什么其他的建议或者想法吗？"

客 户："暂时没有了，你们的服务还挺周到的。"

销售员："这都是我们应该做的，张哥。如果您以后在使用沙发的过程中遇到任何问题，或者有什么新的需求，随时都可以联系我们。再次感谢您对我们产品的支持和信任，祝您生活愉快！"

【场景解析】

在这个案例中，销售员通过定期回访，成功地维护了与客户的良好关系，并获取了宝贵的产品改进意见。首先，销售员在合适的时间节点进行回访，表现出对客户的关注和负责，让客户切实感受到企业的诚意。

在询问使用体验时，销售员不仅认真倾听客户的反馈，还针对客户提出的问题进行了详细的解答和说明。这不仅让客户了解到产品的特性和优势，还有效消除了客户的疑虑。同时，对于客户遇到的问题，如靠垫滑落，销售员迅速做出回应，积极承担责任，并提出解决方案。具体措施包括记录问题并反馈给研发部门，以及赠送保养护理套装作为补偿。这一系列举动展示了企业对客户的重视和积极解决问题的态度，进一步增强了客户对企业的信任和好感。

【金句】

1. 亲，宝贝到家半个月啦，使用感受如何？和我说说吧。

2. 尊敬的客户，一个月前您选购的电器好用不？期盼您分享体验。

3. 您购买的办公用品已经使用半月有余了，像打印机的打印速度、复印机的复印效果等，有没有让您的办公效率得到明显提升呢？在使用过程中，您有没有遇到什么问题呢？

4. 大姐，您购买健身器材已有一个多月，您能谈谈使用感受吗？

5. 新手机使用两周了，不知您对它的功能是否了解，操作是否顺手，期望得到您的反馈。

6.您使用这款智能设备已经三个月了，像智能语音控制、远程操作这些功能，在您的日常生活中实用吗？我们很想听听您的真实想法。

7.新鞋穿了几周，合脚吗？非常希望得到您的真诚反馈哟。

8.您新购置的那辆自行车，最近骑了几次吧？整体性能感觉如何？您的反馈能帮助我们为其他顾客提供更好的产品哦。

9.您购买的户外装备经历了一个季节的考验，耐用性如何呢？

10.您买回去的那件漂亮衣服经过几次清洗后，版型有没有走样？面料的颜色和质感还和刚买的时候一样好吗？期待得到您的评价。

4.针对客户反馈问题的跟进

对于企业而言，客户反馈的问题既是挑战，也是机遇。妥善且迅速地处理这些问题，能够将客户的不满转化为满意，将可能流失的客户重新拉回身边，甚至进一步提升客户对企业的忠诚度。

【经典案例】

销售员："阿姨，您好！我是×××公司的客服小赵，之前您反馈说购买的平板电脑充电速度比预期慢，是这样吗？"

客户："是啊，我每次充电都要等好久，很不方便。"

销售员："非常抱歉给您带来了不便，阿姨。我们已经对这个问题展开了全面调查，初步判断可能是充电器的适配问题。我们会马上为您寄一个全新的原装充电器，这个充电器经过了优化，能够显著提高充电速度。同时，我们也会安排技术人员远程指导您简单调整系统设置，进一步提升充电效率。您看这样可以吗？"

客户："那寄过来要多久呢？我这几天工作还挺需要用平板的。"

销售员："阿姨，我们会选择最快的快递，预计明天就能送达。在等待的过程中，您可以先用充电宝给平板应急充电，以免影响您的使用。另外，为了表达我们的歉意，我们会为您延长三个月的质保期，并赠送您一张价值100元的电子购物券，您可以在我们的官方商城购买任何您需要的配件或软件。您放心，我们一定会彻底解决这个问题。"

客户："好吧，那你们尽快处理吧。"

销售员："好的。我们会持续跟进这个事情，直到您满意为止。如果您在后续使用过程中还有其他问题，请您随时联系我。"

【场景解析】

在这个案例中，销售员针对客户反馈的平板电脑充电速度慢的问题，进行了及时且有效的跟进处理。首先，销售员迅速回应客户的问题并表达歉意，让客户感受到企业对其反馈的重视，缓解了客户的不满情绪。接着，销售员对问题进行了专业分析，并提出了具体的解决方案，包括寄送新的充电器和安排远程技术指导，展示了企业解决问题的能力和诚意。当客户对时间表示担忧时，销售员给出了明确的快递送达时间，并提供了应急建议，进一步体现了对客户的关怀。同时，销售员还通过延长质保期和赠送购物券的方式对客户进行补偿，不仅弥补了客户因充电问题遭受的不便，还增加了客户对企业的好感度和忠诚度。

【金句】

1. 您反馈的问题我们已经详细记录，会安排专业人员立刻着手处理，预计1小时内给您回电告知解决方案，还请您保持电话畅通哦。

2. 经检测，那批问题产品确实存在隐患，我们已启动召回流程，全新货品已安排加急发货，后续会有专人跟进，一定让您满意！

3. 实在不好意思，软件出现故障给您造成了困扰。技术团队正在全力抢修，预计2天内恢复正常使用。

4. 您反馈的硬件问题已查明原因，适配的新配件已从仓库调出，快递单号是××××，预计3天送达，届时会有师傅上门免费更换，请您放心。

5. 这次物流延迟是我们的失误，真诚向您道歉！为弥补给您带来的不便，我们为您升级为 VIP 客户！

6. 您提到的安装问题我们了解了，之前安排的师傅可能经验不足，这就为您重新调配一位资深安装师傅。

7. 关于产品的功能缺陷，我们已经收到反馈，研发团队正在加班进行优化，特别感谢您的支持！

8. 很抱歉，产品给您带来了不好的体验，这是我们最不愿看到的。为表歉意，我们为您提供本次订单 8 折的优惠，并为您免费升级售后服务，希望能弥补遗憾。

9. 得知产品包装破损，我们非常重视，已安排补发全新包装的产品，这次会加固包装，确保万无一失，给您添麻烦了。

10. 由于客服的失误给您造成了困扰，我们深表歉意。我们已将您升级为高级会员，让您享受更多专属权益，包括优先客服、生日惊喜等！

5. 特殊节日送上温情问候

特殊节日承载着人们的情感寄托与美好期许。在这样的时刻，销售人员送上的不仅是一句简单的问候，更是一份关怀与尊重，一种将客户视为家人朋友的真诚心意。这一举动能让客户在欢庆节日的氛围中，深刻感受到来自企业的温暖，从而使客户与企业的关系在情感的润泽下更加稳固与深厚。

【经典案例】

销售员："赵姐，您好！我是×××珠宝店的客服小王，春节快到了，我代表全体员工给您拜年啦！祝您新春快乐，阖家幸福！"

客户："哎呀，小王呀，谢谢你啊！你们有心了。"

销售员："赵姐，这是我们应该做的。您还记得去年在我们店里购买的那条珍珠项链吗？您戴上它出席各种场合，气质优雅，一定给大家留下了深刻的印象吧。"

客户："哈哈，是呀，那条项链我很喜欢，质量也不错。"

销售员："听到您这么说我们就放心了。春节期间走亲访友正是佩戴首饰的好时机，如果您需要对项链进行清洗和保养，随时可以到我们店里，我们会为您提供免费的专业服务。另外，我们店里新到了几款和您那条项链风格很搭的珍珠耳环，设计独特，非常精美，特别适合您。"

客户："好的，真心感谢。我抽时间会去的。"

销售员："好的，赵姐。再次祝您新春愉快！如果您有任何问题或者需要帮助，随时给我打电话。"

【场景解析】

销售员在春节这个特殊节日向客户送上问候，巧妙地结合了客户之前的购买行为，提及客户喜爱的珍珠项链，引发了客户的美好回忆和情感共鸣。

接着，主动提出为客户的项链提供免费清洗和保养服务，这一贴心举动进一步增强了客户对品牌的好感度和忠诚度，让客户感受到企业的关怀不仅仅停留在销售时刻，而是持续的、有温度的。

随后，销售员借机介绍了新到的相关产品，并利用春节的促销活动吸引客户的兴趣，将节日问候转化为潜在的销售机会，实现了客情维护与业务拓展的有机结合。这种方式既不会让客户感到突兀和反感，又能自然地引导客户关注新产品，为企业创造更多的商业价值。

【金句】

1. 中秋的月光洒下团圆的期许，愿您阖家幸福。×××（品牌名）精选月饼礼盒与精美饰品，恭候您为佳节添彩。

2. 祥龙贺瑞新春到，感恩往昔同行。此刻入店，新春专属折扣与限量福袋，待您开启好运。

3. 端午粽叶飘香，龙舟竞渡正酣。×××高品质香粽与典雅香囊，伴您度过安康时光，祈愿吉祥。

4. 玫瑰馥郁的情人节，爱意在空气中弥漫。××××璀璨珠宝系列，珍藏深情，见证甜蜜瞬间。

5. 父亲节的暖阳倾洒，感恩父爱如山。××××匠心手表，精准每分，传递敬重与关怀。

6. 金菊摇曳重阳至，秋意深浓情愈真。×××滋补保健品，愿长辈身康体健，岁月安暖。

7. 儿童节的欢笑飞扬，童真烂漫无邪。×××创意玩具礼盒，开启童趣冒险，守护纯真梦想。

8. 腊八瑞雪兆丰年，粥香暖人心扉。××××智能厨具登场，轻松煮出幸福满溢的温馨家味。

9. 七七鹊桥搭起，爱意在星河里闪耀。×××情侣装甜蜜上线，相拥此刻，情定岁月漫长。

10. 康乃馨绽放，母亲节温情流淌。××××柔滑丝巾，轻系亲恩，伴她优雅岁月长。

6. 提供额外的增值服务

通过主动向客户介绍那些意想不到却又实用贴心的增值服务，企业能够在客户心中树立起专业、负责且关怀备至的良好形象，使客户在享受优质产品的同时，还能感受到超值的服务体验，从而赢得客户的长久青睐与口碑传播。

【经典案例】

销售员："张总，您好！我是××办公设备公司的小李。您之前买的打印机，我们现提供免费增值服务：设备巡检与维护培训。专业人员会定期上门检查，减少故障风险，还会教员工日常操作和保养技巧，遇到小问题可自行解决，非常方便！"

客户："还有这服务？太好了！"

销售员："是呢，希望能让您省心。此外，我们还推出了办公用品采购平台，种类多价格优，下单免费送货上门，采购量越大优惠越多。操作简便，官网登录采购专区下单，24小时内发货，有问题或特殊要求可以找客服解决，为您办公采购提供便利。"

客户："嗯，听起来很方便，我回头研究一下。"

销售员："好的，有问题请随时找我，感谢您的支持！"

【场景解析】

在这个案例中，销售员通过主动向客户介绍打印机的免费巡检和维护培训，以及办公用品采购平台的相关增值服务，成功地提升了客户对企业的好感度和忠诚度。

提供额外的增值服务信息的关键在于精准性、实用性和创新性。精准性要求销售人员深入了解客户的行业特点、业务需求和使用痛点，从而提供与之匹配的增值服务，确保服务能够真正解决客户的问题。实用性是指增值服务要具有实际的操作价值，能够为客户带来实实在在的便利和效益，让客户感受到服务的有用性。创新性意味着企业要不断挖掘新的服务领域，开发新的服务形式，提供与众不同的增值服务，给客户留下深刻的印象。

【金句】

1.感谢您的购买，我们额外为您准备了沙发保养清洁套装，还有一份详细的保养指南。

2.您的新电视已安装调试完毕，我们会在一年内定期为您提供软件更新服务。

3. 您购买的空调已安装好，夏季来临前，我们会免费为您进行一次空调深度清洁和检测，确保制冷效果。

4. 您选的这套厨具很实用，我们为您准备了一次线上的美食烹饪直播课程，教您用新厨具做出美味佳肴。

5. 我们为您这样的新客户提供一年的数据备份和迁移服务，换手机也不用担心数据丢失哦。

6. 我们额外送您一份宠物玩具礼包，还有宠物健康护理手册，让您的毛孩子快乐成长。

7. 新书架已安装好，我们会额外送您几本适合您的畅销书。

8. 上个月您从我们这里购买了一套健身器材，为了回馈客户，今天我们会送一份一周的健身入门计划。

9. 公司为所有购买茶具的客户送上一个茶宠和一条茶巾，特别感谢大家的信任与支持。

10. 作为公司的老客户，我们特意为您提供三次免费的电池检测和保养服务。

7.新品上线，送上专属优惠

当新品问世，第一时间将专属优惠推送给老客户，不仅是对他们长期支持的回馈，更是激发其再次购买和持续关注的有力手段。这一举措让客户感受到被重视和优待，在享受新品带来的新鲜感与优质体验的同时，因专属优惠而更觉物超所值，从而加深客户对品牌的忠诚度，拓展新的销售机会。

【经典案例】

销售员："赵女士，您好！我是×××美妆店的客服小张，好久不见！最近，我们店开展了令人惊喜的活动，我必须告诉您。"

客户："哦？什么活动呀？"

销售员："我们品牌新推出了一款抗衰老精华液，效果超棒！"

客户：不太了解。"

销售员："那我给您做个简单的介绍吧。它采用了最新的科研技术，能够有效刺激胶原蛋白的生成，减少皱纹，让肌肤紧致有光泽。而且，它质地轻盈，容易吸收不油腻，非常适合您这种注重保养的女士。"

客户："感谢你的推荐。"

销售员："不客气。这次新品上线，我们特别为像您这样的老客户准备了专属优惠，您今天下单可以享受五折的折扣，这可是只有老客户才能享有的特别价格哦。另外，我们还会赠送您一套试用装，里面有我们品牌的洁面乳、爽肤水和乳液，既方便您试用，也方便您出门旅行。如果您购买后使用觉得满意，在朋友圈分享您的使用感受并配上产品照片，我们还会再送您一张价值100元的店铺优惠券，您下次购物时可以直接使用。您看您有没有兴趣尝试一下我们的新品呢？"

客户："哇，优惠力度这么大，必须得买一瓶了，哈哈。"

销售员："非常感谢您的支持！您下单后我们会尽快为您发货，请您注意查收哦。"

【场景解析】

在这个案例中，销售员成功地运用了新品上线送专属优惠的策略。他先是详细介绍了新品抗衰老精华液的特点和优势，激发了客户的兴趣和购买欲望。通过介绍产品采用的最新科研技术、质地轻盈及使用效果等，让客户对产品有了更深入的了解，认识到产品的价值所在。

接着，销售员突出了专属优惠，如五折折扣和赠送试用装，让客户感受到作为老客户的特殊待遇，进一步增加了产品的吸引力和性价比。此外，他还提出了分享使用感受送优惠券的活动，这不仅可以扩大产品的宣传，建立品牌的口碑，还能进一步促进客户再次购买。

【金句】

1. 期待已久的智能手环新品终于来了！老客户专享6折，赶紧囤一个吧！

2. 新季潮鞋已上架，时尚感拉满！老顾客8折就能拿下！

3. 新款空气炸锅闪亮登场，轻松做美食还低脂健康！老客户立减300元。

4. 新口味零食上架啦，尝鲜正当时！老客户第二件半价。

5. 这款新科技投影仪效果超级震撼，老客户享受7折特惠。

6. 公司活动多多，新品专区上线，老客户买二送一。

7. 老客户到店消费，立享满500减100。

8. 本店所有商品，老顾客可享8折优惠，满1000还送优惠大礼包。

9. 新品护肤套装惊艳首发，效果超赞！老客户买一赠一，给自己一份呵护，给朋友一份关爱。

10. 新款运动手表酷炫上线，功能强大实用！老客户折扣购买再送表带。

8. 邀请客户参加产品体验活动

在客情维护的进程中，"邀请客户参加产品体验活动"是一项极具创意与活力的举措。通过亲身体验，客户能更直观地感受产品的魅力与优势，深入了解其功能和价值，这种体验远比千言万语的介绍更具说服力。

【经典案例】

王经理："赵先生，您好！我是×××汽车4S店的小李，最近忙不忙啊？"

客户："还行，有什么事吗？"

王经理："是这样的，赵先生，我们店即将举办一场全新SUV车型的试驾体验活动，我第一个就想到了您。您一直以来对我们品牌都很支持，而且我知道您也喜欢自驾游，这款新车的性能特别适合户外出行。它配备了先进的四驱系统，动力强劲，无论是在平坦的公路上，还是在崎岖的山路上都能轻松应对。车内空间宽敞舒适，还有一系列高科技的安全配置和智能互联系统，能为您的旅途增添不少乐趣和保障。这次试驾活动，我们不仅为您准备了专业的试驾路线，让您充分体验车辆的各项性能，还安排了汽车专家现场讲解车辆的技术亮点和使用技巧。而且，参加活动还有机会获得我们精心准备的汽车保养套餐和精美礼品哦。您看您有没有时间来参加呢？"

客户："听起来不错，活动是什么时候呢？"

王经理："活动就在这周末，周六上午9点在我们4S店集合。我们会安排专门的工作人员负责接待和引导您，保证您拥有愉快的试驾体验。如果您需要的话，我们还可以为您安排接送服务，您看方便吗？"

客户："那好吧，我周六有时间，去看看吧。"

销售员："太好了，赵先生！感谢您的支持。我会提前为您准备好一切，到时候见！"

【场景解析】

王经理通过邀请客户参加汽车试驾体验活动，成功吸引了客户的兴趣并促使其参与。首先，王经理精准地把握了客户的喜好和需求，以客户热爱自驾游为切入点，详细介绍了新车在性能、空间、配置等方面适合户外出行的特点。这让客户快速联想到自己使用车辆的场景，从而激发了客户对试驾的期待。

在介绍活动时，王经理不仅提到了专业的试驾路线，还强调了汽车专家将会进行现场讲解。这让客户感受到活动的专业性和丰富性，增强了活动的吸引力和价值感。同时，提供试驾活动的额外福利，如汽车保养套餐和精美礼品，进一步提高了客户的参与积极性。

【金句】

1. 咱店周末有××（品牌名）新款智能手表体验活动，现场还有专家指导使用，到场就有运动手环拿，届时一定要参加哦！

2. 下周××新出的空气炸锅有体验会哦！名额有限，我第一时间帮您预约。

3. ××品牌最新款降噪耳机体验活动来啦！届时有音乐达人分享心得，非常期待张总参加。

4. 三天后，××品牌亲子教育机器人体验活动就开始了，到场送儿童拼图，您一定要带孩子来啊。

5. 亲，这周末××品牌高端护肤品体验活动开启，专业护肤老师会根据您的肤质定制体验方案，到场还有精美小样套装送哦！

6. ××品牌智能健身镜体验活动火热进行中！专业教练现场带您体验各种健身课程，还会为您制定专属训练计划，参加就送豪华大礼包。

7. ××品牌时尚服装新品体验活动即将开始，知名穿搭博主会在现场分享当季穿搭技巧，参与送时尚配饰。

8. ××品牌新型扫地机器人体验活动开启啦！您快来感受一下吧！

9. 下月××品牌新风味咖啡品鉴活动就开始了，来尝就送定制咖啡杯。我知道您是咖啡爱好者，您一定要来品尝这独特的风味呀！

10. ××品牌新款投影仪体验活动来咯！参加可得 3D 眼镜，您千万不能错过这次体验。

9. 询问客户周边潜在的客户线索

当与现有客户建立起良好的信任关系后，巧妙地询问其周边潜在的客户线索，不仅能扩大企业的客户群体，还能进一步强化与现有客户的联系。让客户感受到自己在企业发展中的重要作用，能够显著提升其忠诚度与归属感。

【经典案例】

销售员："郝姐，您好！我是××家居店的小李，最近您买的那套沙发用着还舒服吧？"

客户："挺好的，质量不错。"

销售员："那真是太好了！郝姐，您也知道我们店一直致力于为客户提供高品质的家居产品，而且服务也很用心。其实啊，我们最近想拓展一下客户群体，不知道您身边有没有朋友或者亲戚最近有购买家居产品的打算呢？比如像您一样正在装修房子，或者想更换家具的？"

客户："嗯……我好像有个朋友前段时间说想换个衣柜，不知道她买了没。"

销售员："郝姐！您看您能不能帮我问问您这位朋友呢？如果她还没买，我们店现在正好有几款新到的衣柜，款式时尚，收纳空间大，而且材质环保无异味，非常适合家居使用。要是您朋友通过您的介绍来我们店购买，我们会为您送上一份精美的家居饰品作为感谢，您看怎么样？"

客户："这样啊，那我问问吧，不过我不确定她会不会来哦。"

销售员："没关系，郝姐，您能帮忙问问我们就很感激了。就算您朋友这次没有购买需求，以后要是有相关的需要，也可以随时联系我们。您在朋友面前帮我们美言几句，就是对我们最大的支持了。"

客户："好的，我知道了。"

【场景解析】

在上面的案例中，销售员在与客户进行日常客情维护交流时，巧妙地将话题引向了询问周边潜在的客户线索。例如，他先以关心客户购买的沙发使用情况作为开场，营造了友好、轻松的对话氛围，为后续的询问做了铺垫。随后，他真诚地向客户说明了店铺拓展客户群体的需求，使客户理解这并非是一种单纯的商业索取，而是一种互利共赢的合作提议。当客户提到有朋友可能有购买衣柜的意向时，销售员迅速抓住机会，详细介绍了店铺的衣柜特点和优势，进一步激发客户帮助介绍的意愿。

需要注意的是，在向老客户询问潜在的客户线索时，要以真诚、自然的态度切入话题，避免给客户造成生硬、功利的印象。例如，可以先从关心客户的生活或工作情况入手，再逐渐过渡到潜在客户的话题。

当然，事成之后，要为老客户提供实实在在的回馈，如专属的折扣优惠、精美礼品或积分加倍等，让他们感受到自身价值的提升，满足于与我们合作所获得的超值回报。

【金句】

1. 您要是有朋友也想练，带他来咱这儿，给您打个八折。

2. 您在公司里，要是有哪个同事打算换手机，让他来找我，我送您一副高品质蓝牙耳机。

3. 您家里如果有亲戚最近想买家电，领来咱店里，我送您一台智能小电扇。

4. 您跟邻居闲聊的时候，要是他们有买车的想法，您帮忙介绍过来，只要成交，我就给您送一张 500 元的加油卡。

5. 您有朋友喜欢旅游吗？推荐到我们这儿，届时我送您一份厚礼哈。

6. 您家里人要是想添新家具，带过来挑挑，我送您一个柔软舒适的抱枕。

7. 您在社区里人缘好、威望高，邻里间互动多。最近有没有邻居装修或者更换家居设备，可能用到咱们产品的？要是有，请您帮我牵牵线，社区团购优惠力度更大哦。

8. 您的朋友中，谁有想换窗帘的，可以带到我的店里，事成之后，我不会亏待您的。

9. 您圈子里要是有人想买保险，推给我，我送您一次价值千元的全面体检。

10. 您朋友、同事中有没有想买化妆品的？可以让他们来这里看看，每介绍一个客户来，我给您的会员卡里充 100 积分。

10. 关心客户业务发展

当我们真诚地关注客户业务的成长与发展，客户能真切感受到被重视与被支持。这样关注使双方的合作关系超越简单的买卖，升华为共进退的伙伴情谊。这不仅有助于增强客户对企业的忠诚度，还可能在不经意间发现新的合作契机，为彼此的业务拓展带来更多可能。

【经典案例】

刘老板："李总，您好！我是××广告公司的老刘啊，最近忙吗？"

客户："还好，就是业务上有点小挑战。"

刘老板："哦？李总，能和我说说吗？也许我能提供一些思路。"

客户："我们最近推出了一款新产品×××，但是在市场推广方面遇到了困难，知名度一直提不上去。"

刘老板："李总，我觉得您这款新产品很有市场潜力。我们公司最近成功策划了几个类似产品的推广方案，效果都不错。我们可以帮您分析一下目标受众，制定精准的广告投放策略，比如利用社交媒体平台进行定向推广，结合线下活动吸引消费者关注。而且，我们有专业的设计团队，可以为您打造吸引人的宣传海报和视频，突出产品的独特卖点，提高产品的曝光度和知名度。这想必对您会有所帮助。"

客户："你说的不错，但是会不会成本很高呢？"

刘老板："价格是灵活的，关键是要能解决问题，解决不了问题，再便宜也没有什么用？"

客户："你说的在理。这样吧，有时间咱们见面好好聊聊。"

刘老板："好啊，那就不打扰您了。"

【场景解析】

在这个案例中，刘老板敏锐地捕捉到客户业务发展中遇到的问题，并主动提供解决方案，成功地将客户的困难转化为合作的机会。他先以关心的态度询问客户的近况，引导客户说出业务上的挑战，这体现了对客户的真诚关注，建立了良好的沟通氛围。

在了解到客户的新产品推广面临困境后，刘老板凭借自己的专业知识和经验，详细介绍了公司能够提供的广告策划、设计和推广服务，展示了公司的实力和优势，让客户看到了解决问题的希望和方向。同时，针对客户对成本的担忧，他暂时按下不表，为后续具体、深入的交流埋下伏笔。

【金句】

1. 听说您最近在拓展新业务呢？我刚好手头有不少成功的策划案例，您可以拿去研究一下。

2. 我知道您一直想把事业做大做强，如果在资金周转上有问题，我可以帮您想想办法。

3. 您的新品马上要上市啦，有没有好的推广方案？我之前帮好多客户打响了知名度，在这方面多少还是能帮到您的。

4. 如果您的业务在升级过程中碰到技术难题，尽管来找我，我认识不少技术专家，可以让他们为您支支招。

5. 我知道你求才心切，我这里有几个特别实用的招聘渠道，可以分享给您，也算助您一臂之力。

6. 您的企业要去参展了？在展位设计方面，我可是专业的，届时我可以帮您打造一个吸睛的展位。

7. 上次听朋友说，您在开发新客户方面遇到了困难，我也一直为您这事儿发愁，今天我要告诉您一个好消息……

8. 您是不是想升级服务，但不知道怎么培训员工？我有一些专业的培训资源，可以免费介绍给您。

9. 孙总，您的公司业务越来越火，怎么感觉物流配送有点跟不上趟啊？我合作过几家物流企业，服务好，效率高，给您推荐推荐吧。

10. 您的店铺不是要扩大规模嘛，对装修有没有什么想法？我有个朋友是专业做商业空间设计的，经验丰富，让他给您出出主意吧。